Et j'ai cessé de t'appeler papa

CAROLINE DARIAN

Et j'ai cessé de t'appeler papa

Harper Collins POCHE

HARPERCOLLINS FRANCE

83-85, boulevard Vincent-Auriol, 75646 PARIS CEDEX 13
Tél. : 01 42 16 63 63

www.harpercollins.fr

ISBN 979-1-0339-1342-9

« Une fois les choses écrites,
il n'y a plus d'échappatoire »

LIONEL DUROY

Dimanche 1er novembre 2020

Demain, mon fils Tom, six ans et demi, devra porter un masque à l'école. Alors nous répétons le geste. Une fois, deux fois, dix fois.

Je poste une photo de lui, masqué, sur mon compte Facebook. Aussitôt, mon père répond : « Mon pauvre petit Tom. Bon courage pour cette rentrée un peu spéciale. Ton Papou qui t'aime. »

Je ne le sais pas encore, mais c'est le dernier échange avec mon père.

À ce moment-là, à quoi ressemble ma vie ? J'ai 42 ans, un métier qui me passionne, un mari, un enfant, une maison. Autrement dit : une vie simple, ignorante des séismes. Une vie privilégiée. J'ai encore cette innocence des jours qui s'écoulent sans accroc. Le lendemain est une promesse, jamais une menace. Ma vie tourne autour de mon mari, mon fils, mon travail, mes activités, mes parents, ma fratrie et mes amis. Tout cela est absolument banal.

Mais, personne ne mesure le prix du banal tant qu'on ne l'a pas perdu.

Lundi 2 novembre 2020

Je dépose Tom au portail de l'école, juste à l'heure. Je l'embrasse tendrement. Je rentre, lance un café, me connecte. Au programme, réunion, réunion, réunion. Des visioconférences à n'en plus finir.

11 h 00. Mon mari rentre. Paul travaille en horaires décalés. Il envoie un SMS à mon père : « Je viens de découvrir le parcours du Tour de France 2021. Fixons-nous un objectif heureux en famille : le 7 juillet prochain, tu emmènes ton petit-fils sur les routes du mont Ventoux OK ? ». Il se prépare un déjeuner sur le pouce puis s'octroie une sieste.

Au réveil, il découvre deux appels en absence, des numéros fixes depuis le Vaucluse.

Ici se situe le point de bascule. Un message téléphonique, comme lorsqu'un hôpital prévient la famille. Souvent, ce point de bascule a une voix, un visage. L'annonce d'un malheur est toujours incarnée. Toute la vie, on se souviendra de la voix ou du visage de la personne messagère de la douleur.

On se souviendra, aussi, dans le détail, de ce que l'on faisait juste *avant*.

Mon point de bascule s'est joué en ricochet. C'est mon mari qui a pris de plein fouet, le premier, la nouvelle. Paul écoute le premier message laissé par ma mère :

« C'est moi, c'est urgent. Cela concerne Louis. Rappelle-moi s'il te plaît. »

Louis, mon père, pèse plus de cent kilos et il a des problèmes respiratoires.

Alors, naturellement, en pleine crise COVID, Paul l'imagine déjà en réa. Mais l'autre message est celui d'un lieutenant de police de la sûreté départementale de Carpentras. Paul rappelle d'abord ma mère :

« Mais, que se passe-t-il ?

— Louis va être incarcéré. Il a été pris en flagrant délit en train de filmer sous les jupes de trois femmes dans un supermarché. Il a été placé en garde à vue pendant quarante-huit heures, puis relâché. Entre-temps, la police a perquisitionné son téléphone portable, plusieurs cartes SIM, son caméscope et son ordinateur portable. Les faits sont bien plus graves. »

Si ma mère a décidé d'appeler Paul avant moi, c'est parce qu'elle n'a pas encore la force de prévenir l'un de ses trois enfants. Elle sait aussi qu'elle peut lui faire confiance. Paul est suffisamment solide pour entendre ce genre de nouvelle.

Ils se mettent d'accord. Ma mère m'appellera en premier, et en sa présence.

Un peu sonné, Paul rappelle ensuite le numéro du lieutenant de police. Le coup de massue.

« Nous avons trouvé des vidéos qui montrent votre belle-mère endormie, visiblement droguée, avec des hommes qui abusent d'elle. »

Ces mots sonnent faux. Ils entrouvrent une faille terrifiante. Paul est propulsé dans une autre dimension, celle des faits divers impensables, mis en scène dans les médias, et qui jusqu'à présent traçaient une frontière entre le sordide et nos vies, qui appartenaient au monde d'*avant*.

Imperturbable, le lieutenant livre les informations qui, chacune, creusent le trou de l'impossible, l'installe dans nos existences.

Ces agressions sexuelles durent depuis au moins septembre 2013, date des premiers clichés que les enquêteurs ont extraits des différents matériels numériques de mon père. Le nombre d'agresseurs est sidérant :

« Soixante-treize, pour l'instant. À l'heure où je vous parle, nous en avons identifié une cinquantaine. Ils ont de 22 à 71 ans, de toutes les catégories sociales, étudiant, retraité, même un journaliste. Votre beau-père organisait, photographiait et filmait tous les actes. J'ai moi-même eu beaucoup de mal à regarder toutes les vidéos. Et nous sommes loin d'avoir fini de tout expertiser. »

L'équipe policière y travaille jour et nuit depuis un mois et demi. Les enquêteurs craignaient pour la vie de ma maman. Tant de drogues, alors qu'elle va avoir 68 ans… Le lieutenant conclut : « Prenez bien soin d'elle. Elle va avoir besoin de soutien. »

Paul n'a qu'une idée en tête. Sortir. S'échapper de la maison. Il sait qu'il me reste quelques heures de répit avant d'être catapultée dans l'autre monde. Figée derrière l'écran de mon ordinateur, je ne le vois même pas passer devant moi et quitter la maison.

Dans la voiture, Paul appelle sa sœur Véronique, la marraine de Tom. Il lui demande son aide le soir même. Ils mettent au point un stratagème pour ne pas éveiller mes soupçons.

Quand je réalise que mon fils et mon mari sont revenus de l'école, ma journée marathon vient de s'achever, et il est presque 19 heures. Je leur propose de dîner japonais. Et, alors que je m'apprête à quitter la maison, on sonne. Véronique ! Enjouée, souriante, et chaleureuse comme à son habitude.

« Je passais dans les parages. »

Tom lui saute dans les bras. Je file vers le restaurant japonais. Dans la voiture, je téléphone à ma mère qui, bizarrement, m'expédie. J'ai un mauvais pressentiment.

Retour du restaurant. Je pose les sacs sur la table de la salle à manger. J'entends mon fils rire avec sa marraine. Ces petits sons du quotidien ne sont pas encore des vestiges.

Dans la cuisine, Paul me regarde, l'air grave. Il me demande de m'asseoir.

Mon portable sonne. Enfin, ma mère me rappelle ! Il est précisément 20 h 25 à l'horloge du four de notre cuisine, que je distingue juste derrière Paul.

J'apprendrai plus tard que les gens qui ont subi un choc traumatique ne retiennent souvent qu'un seul détail, une odeur, un bruit, une sensation, quelque chose d'infime qui deviendra énorme.

Moi, à cet instant, je vois l'horloge du four. Il est 20 h 25 en chiffres blancs. Une frontière chiffrée. Je m'appelle Caroline Darian et je vis les dernières secondes d'une vie normale.

J'entends encore la voix chevrotante de maman. Elle me demande si je suis arrivée chez moi et si je suis bien avec Paul. Elle insiste. Elle s'assure que je suis assise et au calme pour entendre ce qu'elle a à m'annoncer.

« Caro, ton père est en garde à vue depuis ce matin, et il ne pourra pas ressortir. Il va être incarcéré. »

Je tremble, je ne saisis pas bien ce qu'elle est en train de me dire.

« Ton père me droguait avec des somnifères et des anxiolytiques.

— Mais maman, c'est quoi cette histoire ?

— Ce n'est pas tout. Ton père conviait aussi des hommes à la maison lorsque j'étais inconsciente dans notre chambre. J'ai vu plusieurs clichés de moi. Endormie, allongée sur le ventre et sur mon lit, avec des hommes différents à chaque fois, tous des inconnus. »

Je dévisse. Je crie, j'insulte mon père. Je vais tout casser.

« Caro, c'est la vérité. J'ai dû voir plusieurs photos au commissariat. J'ai cru que mon cœur allait s'arrêter de battre. Le lieutenant m'a bien précisé qu'il existe aussi de nombreuses vidéos de mes agressions. Il a voulu que j'en regarde une, mais je lui ai dit que les photos étaient déjà suffisamment insoutenables. Il m'a dit : "Pardon madame, mais ce qu'a fait votre mari est monstrueux." »

Elle fond en larmes.

Paul m'étreint.

Les images se télescopent, abjectes, insensées : maman sur son lit avec un homme de passage, les yeux clos, inerte…

Je te revois au volant de ta Renault 25 noire, surchargée, lorsque nous partions en vacances. Tu faisais des blagues, mettais du Barry White et battais la mesure de ta tête, reprenant le refrain, aussi excité que nous, les enfants, entassés à l'arrière. Cette image heureuse vient de voler en éclats. Désormais tu es l'organisateur d'orgies, doublé d'un terrible menteur : maman me raconte votre dernier petit déjeuner, absolument normal. Faut-il en avoir, des réserves de duplicité, pour avoir joué la comédie de la tranquillité durant toutes ces années… ?

Maman raccroche, elle doit maintenant appeler Thomas, mon frère aîné, puis Julien, notre petit frère.

Je m'effondre. Blottie contre mon mari, je suis accablée. Je respire mal.

Mon père a drogué ma mère avant de la faire violer par des inconnus. Cette phrase est lunaire. Si violente que je n'en perçois que les reflets, comme une pierre tranchante, des fragments qui éraflent ma conscience, sans prendre la pleine mesure de sa destruction. Et si une overdose avait tué maman ? Si elle ne s'était pas réveillée ? L'horreur dure depuis qu'ils sont partis vivre dans le Vaucluse, il y a presque huit ans, lorsque maman a pris sa retraite.

Moi, je n'ai rien vu, rien compris. Elle non plus. Aucune trace, pas la moindre réminiscence.

Tout a été gommé par la fréquence des minutieux dosages de médicaments que lui administrait mon père. Je repense à nos conversations téléphoniques, lorsque maman était dans le brouillard, ou paraissait divaguer. Ces absences nous avaient inquiétés. Nous, ses trois enfants, vivons à plus de sept cents kilomètres d'elle. Nous avions même envisagé un début d'Alzheimer. Mon père minimisait. Il disait : « Votre mère ne sait pas s'économiser, elle est tout le temps en mouvement, c'est une hyperactive, c'est sa façon à elle de gérer son stress. »

En 2017, nous avions poussé maman à prendre rendez-vous chez un neurologue qu'elle est allée consulter à Carpentras. Ce premier spécialiste avait parlé d'un ictus amnésique qui s'apparente à une sorte de trou noir, une perte de mémoire sans séquelles. Nous ignorions, et c'est bien connu des spécialistes en neurologie, qu'on ne fait jamais plusieurs ictus cérébraux.

À l'automne 2018, mon oncle, médecin généraliste à la retraite, a évoqué un mécanisme de décompensation : « Comme lorsque le sac d'un aspirateur est plein, la machine s'arrête pour ne pas griller, c'est comme ça que tu déconnectes et recharges tes batteries », lui avait-il dit. Nous avons tous cru à cette hypothèse. Maman avait tout de même fait un scanner, évidemment sans résultat. Comment aurions-nous pensé à une analyse toxicologique ?

Mais, avec le temps et la multiplication de ses absences, maman était toujours inquiète. Elle faisait des insomnies à répétition, perdait ses cheveux, maigrissait – plus de dix kilos en moins de huit ans. Elle craignait à tout moment de faire un AVC et s'angoissait lorsqu'elle gardait ses petits-enfants ou prenait le train pour venir me voir en région parisienne.

Pour cette raison, maman a progressivement cessé de conduire. Elle a perdu de plus en plus d'autonomie.

En 2019, maman est retournée voir un autre neurologue à Cavaillon qui a mis ça sur le compte d'un terrain anxieux. Il lui a prescrit de la mélatonine pour améliorer la qualité du sommeil…

Je dois partir la rejoindre. Je ne peux pas la laisser là-bas, seule dans le Vaucluse, dans cette maison qui fut le théâtre de tant d'atrocités.

Paul organise tout.

J'ai besoin de sortir, d'appeler mes frères. Quand Thomas décroche, je comprends à sa voix qu'il ignore encore tout. J'ai malgré moi devancé maman. Je m'en veux. Je décide d'aller droit au but.

Thomas reste silencieux. Il lui faut dix bonnes secondes pour intégrer mes propos et réussir à formuler quelque chose d'audible :

« Mais… ce n'est pas possible. Caro, tu plaisantes ? »

Il me questionne, mais je n'ai pas toutes les réponses. J'aimerais l'apaiser un peu. Je le sens se raidir. Il raccroche pour appeler aussitôt maman.

Lorsque j'arrive enfin à joindre Julien, notre cadet, il a déjà eu ma mère en ligne. Il est abasourdi :

« Comment a-t-il pu faire une chose pareille à maman ? Et nous ? Il a pensé à nous ? »

Je pleure comme une enfant.

Julien me dit toute sa rancœur et sa haine lorsqu'il repense à l'été 2018. Il me parle de l'épisode de leur dernier dîner, le soir de son départ, après avoir passé plusieurs jours chez mes parents avec ses deux filles. Lui et sa femme avaient été les témoins d'une scène inquiétante. Quelques minutes seulement après s'être mise à table, maman a décroché. Son coude a lâché. Elle a chancelé sur sa chaise, comme si elle était soûle. Soudain, son corps s'est vidé d'énergie, telle une poupée de chiffon.

« Je ne trouve toujours pas les mots pour décrire le relâchement de tous ses membres, Caro. On lui parlait, mais elle était comme sous hypnose. Immobile et molle, le regard vide. Elle ne répondait plus. »

Mon père avait décidé d'aller la coucher. « C'est préférable. Ça lui arrive de temps en temps, quand elle décompense à cause d'un trop-plein d'activité. »

En réalité, le cocktail de médicaments qu'il lui avait administré, depuis l'arrière-cuisine, dans son verre de rosé à l'apéritif commençait à faire son effet.

Ce soir-là, mon père avait fait porter la responsabilité de ce malaise sur les épaules de Julien et de sa famille qui avaient fini par reprendre la route.

Je raccroche. J'ai besoin de faire deux fois le tour du quartier.

Il ne fait même pas cinq degrés ce soir, pourtant la colère me brûle. Paul me suit.

Il décide de convaincre mes frères de partir avec moi le lendemain matin par le premier train. Il les réconforte comme il peut, avec ses mots : « La vie est bien plus forte, vous devez être tous les trois autour de votre mère et le plus vite possible. »

Il insiste : « Il faut faire bloc autour d'elle. Vous ne pouvez pas traverser cette épreuve chacun de votre côté. »

Il prévient aussi : « Vous allez devoir être courageux et unis, car tout ça ne fait que commencer, on ne sait pas encore tout. »

Je préviens ma direction et je pose quelques jours de congé. Il est temps d'aller nous coucher. J'ai besoin de nous trois. Je finis par m'endormir, la main de mon fils imbriquée dans la mienne.

Mardi 3 novembre 2020

Au réveil, j'ai mal partout, une douleur me vrille le milieu du dos. Et des courbatures, beaucoup, comme si j'étais montée sur un ring toute la nuit. Je prépare tant bien que mal mon sac avec le strict nécessaire. Je ne sais pas vraiment pour combien de jours je pars.

Au moment de déposer Tom à l'école, je lui répète pour la troisième fois que je dois aller chez sa Maminou dans le Sud, pour la ramener ensuite à la maison. Devant le portail, je le prends dans mes bras, le respire. Je savoure son cou si fin, ses petites oreilles, ses cheveux ondulés, son nez, et puis ses joues toujours chaudes contre les miennes. J'ai besoin d'emporter un peu de lui avec moi. Comme une pépite, un porte-bonheur que l'on cache secrètement.

Tom me regarde. Il finit par poser ses deux mains de chaque côté de mon visage, plonge son regard dans le mien et me dit :

« Maman, tu sais à quel point je t'aime ? Dis bien à Maminou que je l'aime aussi. »

Cette phrase et sa façon bien à lui de me caresser les joues se gravent dans ma mémoire. Ironie du sort, il n'a même pas mentionné son grand-père.

Sur le trajet qui me mène à la gare TGV, je décide de contacter le lieutenant de police. Je me présente, il ne paraît pas surpris.

Je lui explique que nous souhaitons, mes frères et moi, nous entretenir avec lui dès notre arrivée en gare d'Avignon. Il n'a pas beaucoup de temps à nous accorder, à cause du délai légal de la procédure en cours à l'encontre de notre père.

Il leur faut aller vite pour clôturer le dossier, dans les quarante-huit heures depuis sa dernière mise en garde à vue, avant qu'il ne soit déféré au pôle criminel du tribunal judiciaire d'Avignon. Ils doivent encore retourner au domicile de mes parents pour y trouver des preuves de la soumission chimique exercée sur ma mère.

En raccrochant, je ferme les yeux.

Si je résume, ma mère a été droguée par mon père pour être violée par des inconnus. Pendant au moins huit ans. Ça y est, la phrase prend tout son sens. J'ai beau essayer de rester droite, je suis anéantie.

Gare de Massy-TGV, quai numéro quatre.

« Le train de 9 h 25, en direction de Marseille Saint-Charles, entre en gare. »

Sur le quai, je me retourne vers Paul, ces mots franchissent mes lèvres avant même de les avoir pensés : « J'ai peur. »

Il m'enveloppe et me serre. J'aimerais que l'on fige le temps pour rester là, ma tête sur son épaule. Une fois installée, derrière la vitre qui nous sépare, pour la première fois, je lis une insondable tristesse dans les yeux de mon mari.

Il ne reverra plus jamais cette maison du Vaucluse qui était pour nous un lieu tendre et rempli de souvenirs merveilleux.

Tu allumes le feu sur ton petit barbecue et lances les grillades, tu relèves la tête et me souris. Autour, les murs de la maison n'en finissent pas de refléter ce si beau soleil qui nous met tous en joie. Tom fait de la balançoire, Paul amène le vin. Une terrasse, un été, une famille. Je te hais.

As-tu toujours été détraqué ? Et nous n'aurions rien vu ? Peut-on passer à côté d'un père ? Mais, qui es-tu en fait ?

J'ai besoin de répit. Je mets mes écouteurs. Le morceau *Dream* de Fleetwood Mac se met en mode aléatoire sur mon mobile et me ramène instantanément à mon enfance. Le répit sera pour plus tard. Cette chanson parle d'un paradis que l'on croyait immuable.

Dans le miroir des toilettes, mon reflet n'est pas beau à voir. Même avec le masque, j'ai l'impression d'avoir pris dix ans en moins de vingt-quatre heures. Je ne cesse de penser à maman. Elle était devenue son objet sexuel, son jouet, sa chose et nous n'avons pas su la protéger. Elle venait si souvent nous voir en région parisienne. Elle passait parfois plusieurs semaines à la maison, mais aussi chez Julien et Thomas. Elle est très proche de nous, et de ses six petits-enfants qui le lui rendent bien.

Lorsqu'elle repartait, nous avions du mal à la joindre dans les quarante-huit heures qui suivaient son retour à Mazan. Mon père décrochait à sa place. Il nous disait qu'elle se reposait et qu'elle récupérait de son séjour. Le rythme de la vie parisienne l'avait prétendument éreintée et à son âge elle ne savait pas se ménager. Le même mensonge… Et dire que nous le croyions. Il veillait aussi à la manipuler. Il martelait que le rythme et l'air du Vaucluse étaient plus sains qu'en région parisienne. Ma mère finissait par le croire.

Je ne compte même plus les fois où j'ai eu ma mère dans un état second. Le plus troublant, c'est qu'elle n'avait aucun souvenir de nos échanges précédents, un ou deux jours auparavant. Comme si son cerveau faisait une mise à jour.

À la mi-avril 2019, le lendemain de son départ de chez nous, Tom a voulu appeler sa Maminou. Il voulait lui raconter ses exploits lors d'un de ses tournois de rugby. Dès le début de la conversation, elle s'est mise à tourner en boucle, comme une mauvaise chanson, à tenir des propos incohérents. Devant la mine effarée de Tom, j'ai saisi l'appareil.

« Maman, quel jour sommes-nous ? »

Elle n'a pas su répondre.

J'ai appelé mon père pour lui dire que maman n'allait pas bien, que son état de santé m'inquiétait beaucoup, en lui précisant que cela cachait certainement autre chose. Il a changé de sujet. Ce même scénario s'est produit plusieurs fois en dix ans. Il trouvait toujours un prétexte pour éluder mes questions. Curieusement, ces absences ne se produisaient jamais chez moi ni chez mes frères, seulement lorsqu'elle était dans sa maison, avec lui. Maintenant, je le réalise vraiment.

Tu as toujours fui, quand j'y pense. Tu étais toujours le seul laissé pour compte, tu as monté des entreprises, elles ont toujours coulé, tu avais toujours une embrouille quelque part. Un coup tu t'associes avec un véreux, un autre tu divorces de maman pour des raisons financières en prétextant nous protéger, puis tu l'épouses à nouveau des années plus tard… Tu fabriques de l'insécurité et tu bottes en touche. Que dis-tu aux enquêteurs ? Te trouves-tu des excuses, essaies-tu de les embobiner, ou bien as-tu reconnu les faits ? La dernière option aurait ceci de positif que, pour la première fois de ta vie, tu assumerais ce que tu es Calimero, celui qui toujours se plaint.

Maman n'a jamais été une grande consommatrice de médicaments. Le moins de paracétamol possible… Elle n'a jamais fumé, ni été accro à quoi que ce soit. Ses seuls excès ont été sa consommation de chocolat à l'époque où elle travaillait encore. Elle adore la marche.

Sa dernière absence remonte au 22 octobre 2020.

Une amie qui habite la région parisienne lui a parlé au téléphone ce jour-là, vers 17 heures. Le lendemain, l'amie laisse un message vocal : elle a trouvé ma mère très agitée la veille, dans un état étrange, elle voulait savoir si tout allait bien.

Lorsque ma mère écoute ce message, elle tombe des nues. Elle n'a aucun souvenir d'avoir discuté avec l'amie le jour d'avant. Alarmée, elle en parle à mon père. Il fait mine de ne pas comprendre.

Je retrouve mes deux frères dans le train. Nous nous enlaçons tous les trois, avec une telle intensité que les passagers nous regardent.

13 heures, gare d'Avignon. Il nous faut quinze bonnes minutes pour trouver la sortie et un taxi, dans cette gare que l'on connaît pourtant par cœur. Une sortie différente de celle où papa venait nous chercher.

Toi qui ouvres les bras, Tom saute à ton cou, tu souris. Toi aussi, qui écrases des comprimés dans le verre de maman, postes une annonce et lances ta maudite caméra.

Devant le commissariat de Carpentras, nous apercevons maman. Elle nous attend. Elle semble perdue. Du haut de son mètre soixante-cinq, elle flotte presque dans ses vêtements, les mains glissées dans les poches de sa petite doudoune mauve.

Son masque blanc paraît démesurément grand sur son visage froissé par les larmes. Ses grands yeux noirs sont cernés. Elle se balance d'une jambe sur l'autre.

À peine sortie du taxi, je fonce sur elle, la serre dans mes bras. Mes frères me suivent. Elle craque un peu. Je lui prends la main comme si j'étais sa mère.

Nous poussons la porte du commissariat. Dans ce hall aux murs beiges et jaunes, je réalise que mon père est ici, quelque part dans une cellule. Pourrons-nous le voir, lui parler ? Certainement non. Être en garde à vue pour ce genre de faits suppose l'isolement et la détention longue durée.

Un officier de police judiciaire nous conduit vers un minuscule bureau, avec une table et deux chaises. Maman préfère nous attendre dans le hall.

Je ne peux m'empêcher de penser à mon père. Est-ce dans cette pièce qu'il a été interrogé ?

L'officier de police propose de nous asseoir. Mes frères préfèrent rester debout. Je les observe. Julien fixe l'officier de police avec un regard sombre que je ne lui connais pas. Thomas, lui, essaie de se donner une contenance, semble moins tourmenté, mais en apparence seulement.

Cette pièce étroite me donne l'impression d'être dans un traquenard. Je nous vois comme de petites proies enfermées dans une boîte. Si les murs se rapprochaient, je ne serais pas surprise.

À l'énoncé des faits, nous pâlissons.

« Votre père a pris l'habitude de droguer régulièrement votre mère, depuis au moins huit ans, pour la violer. Il filmait et mettait les images sur Internet. »

Nous pataugeons dans la boue.

« Il a aussi pris contact avec au moins cinquante-trois individus, depuis septembre 2013 via un site de rencontre, pour les convier au domicile conjugal et abuser de votre mère inconsciente. Il y postait des photos d'elle pour les appâter et partageait ses actes sur des forums de discussion. Sans rétribution financière. »

Degré ultime de perversité : mon père, toujours empêtré dans des problèmes d'argent, n'a pas fait de commerce avec maman. Il agissait donc pour son seul plaisir.

Nous apprendrons plus tard que la soumission chimique était un mélange de Lorazépam, une molécule anxiolytique issue de la classe des benzodiazépines, plus connue sous le nom de Temesta, et de Zolpidem, un puissant hypnotique, un somnifère prescrit uniquement en cas d'insomnies sévères transitoires. Je mesure ce que le corps de ma mère, âgé de presque 68 ans, a dû ingérer ces dernières années.

Le lieutenant nous explique être retourné ce matin avec son équipe perquisitionner le domicile, cette fois-ci en présence de maman.

Mon père avait dissimulé les médicaments dans le garage, dans une de ses chaussures de randonnée, sous une chaussette de tennis. Il a tout avoué ce matin lors de son dernier interrogatoire.

Les policiers ont également trouvé la dernière ordonnance médicale qui venait d'être renouvelée par un des médecins du village. D'après le nombre de boîtes de médicaments prescrits ces derniers mois, je m'interroge sur la complicité du médecin.

Puis, l'enquêteur nous annonce que notre père peut être mis en examen pour « administration de substance de nature à altérer le discernement ou le contrôle de la victime pour commettre un viol ou une agression sexuelle, mais aussi pour atteinte à l'intimité de la vie privée par fixation, enregistrement, transmission de l'image d'une personne présentant un caractère sexuel, pour agression sexuelle avec administration d'une substance à la victime, à son insu, pour altérer son discernement ou le contrôle de ses actes, puis de complicité de viols avec plusieurs circonstances aggravantes et contre X pour des faits, pour voyeurisme aggravé et viol avec plusieurs circonstances aggravantes. »

À ce moment précis, je demande au lieutenant si mon père a fait preuve de remords envers ma mère ou nous, ses propres enfants.

« Non. Votre père m'a simplement remercié de lui “avoir enlevé un poids”. »

Je reste interdite. Julien se crispe, mâchoires serrées. Thomas, lui, essaie de rester droit, même s'il est adossé au mur, les deux mains dans les poches. Je n'oublierai jamais son teint blême, son air effaré et son regard pétrifié. Moi, je ne sais pas si je pourrai tenir jusqu'à la fin de cette entrevue.

L'officier poursuit.

« Votre père a été interpellé une première fois le 12 septembre 2020, dans un supermarché de Carpentras pour avoir intentionnellement filmé sous les jupes de trois femmes qui se trouvaient dans les rayons. Elles ont chacune déposé plainte, ce qui lui a valu d'être convoqué au commissariat. »

Mentalement, je remercie ces femmes. Si elles n'avaient pas déposé plainte, les viols auraient pu durer encore longtemps, surtout entre deux périodes de confinement. À leur façon, ces femmes ont sauvé ma maman. Il faut beaucoup de courage et de résistance aux femmes victimes de crimes ou d'agressions sexuelles pour oser passer les portes d'un commissariat. Sans elles, la police n'aurait jamais pu accéder au contenu du téléphone de mon père.

En décryptant son disque dur, les enquêteurs-experts ont exhumé plus de vingt mille photographies et productions personnelles à caractère pornographique, qui s'apparentent plus à de la barbarie qu'à de simples fantasmes sexuels.

À ce stade, je ne sais rien ou presque de l'emprise chimique. J'avais vaguement entendu parler du GHB, « la drogue du violeur », mais je ne savais pas que ce produit était aussi répandu. J'apprends aussi que les agresseurs utilisent de plus en plus des somnifères et des anxiolytiques pour abuser de leurs victimes. Sûrement parce que ces substances sont inodores, incolores et facilement solubles dans un liquide.

Comment ai-je pu être à ce point crédule ? Moi qui me pensais intuitive…

Je prends aussi conscience de l'investissement des enquêteurs du commissariat de Carpentras.

Leur premier objectif a été de mettre ma mère à l'abri de son bourreau.

Ils disposaient de très peu de temps. Résultat, ils ont mis moins de deux mois pour décrypter la majorité des terribles films et réussir à identifier les cinquante-trois premiers agresseurs. Un tour de force.

Lorsque nous sortons du bureau, je demande au lieutenant de transmettre un dernier message à mon père, avant qu'il ne soit déféré devant le parquet, puis mis en détention : « Dites-lui bien que je ne lui pardonnerai jamais et qu'il a ruiné notre vie. »

Nous retrouvons maman qui doit relire et signer la dernière version de sa déposition. Nous sommes à ses côtés, donc nous pouvons lire les faits relatés. Nous découvrons, stupéfaits, que notre père s'est fait faire une batterie de tests sérologiques, dont le dépistage du HIV en mars 2020. Et, d'après les historiques des ordonnances médicales récupérées auprès de la sécurité sociale, il consommait régulièrement du Viagra. Je comprends en quelques secondes qu'il a aussi exposé ma mère à diverses maladies sexuellement transmissibles. Il offrait sa femme au premier venu, sans même exiger des rapports protégés. Parfois, il interdisait même le port du préservatif.

Je dois m'asseoir. Je fais instantanément le lien avec les problèmes gynécologiques de maman ces dernières années – ceux que l'on mettait bêtement sur le compte de sa fatigue devenue chronique. Il va donc falloir emmener maman dans un laboratoire d'analyses pour lui faire faire une sérologie complète. Qu'allons-nous apprendre de plus ? Qu'elle est malade ? Qu'elle a contracté le virus du sida ou celui de l'hépatite ? J'essaie de ranger cette nouvelle bombe dans un coin de ma tête.

En dehors de l'entretien avec la psychologue du commissariat qui dure moins d'une heure, aucune prise en charge médicale n'est proposée à ma mère. Je suis obligée d'appeler ma cousine, médecin généraliste. Mais, comment font les autres ? Celles qui n'ont pas cette chance d'avoir un médecin dans leur entourage ?

L'officier de police clôture notre entrevue en nous informant que notre père a fait une demande de sortie sous surveillance avec bracelet électronique, auprès du juge des libertés et de la détention. Je m'entends répondre sèchement qu'il ne doute décidément de rien.

Quand nous sortons du commissariat, nous nous dirigeons vers le tribunal judiciaire pour retirer un dossier de demande d'aide juridictionnelle. Il faudra prendre un avocat qui représentera les droits de maman.

Il est environ 16 heures quand le portail électrique blanc de la maison s'ouvre et que le bouledogue français de mes parents, très attaché à son maître, fonce droit sur nous.

Tu ouvrais la porte de la voiture pour que le chien saute sur tes genoux. C'était un rituel. Visiblement, le chien méritait meilleur traitement que nous.

Rentrer dans cette maison, retrouver son odeur, poser mon sac dans la chambre violette où nous aimions dormir avec mon mari et mon fils ; traverser le couloir, passer devant les photos de famille, les tableaux qu'il a peints, dont l'un représente une femme nue : tout est insupportable. La mémoire de ce lieu, si belle, structurante, s'est ourlée d'infâme. Je vois les murs comme les témoins de scènes abominables. La face cachée de mon père a tout pulvérisé, sali. Impossible de regarder une photo heureuse sans penser à la manipulation et à la tromperie. J'ai envie de brûler tous les tableaux, surtout celui de la femme nue.

Je respire, et rejoins ma mère dans la cuisine. Mes frères s'activent dans le salon où trône le bureau de mon père. Ils sont fermes et catégoriques : pas question de rester plus de trois jours dans cette maison. L'emplacement de son ordinateur est encore visible. Il y passait la plupart de son temps libre – surtout le soir, jusque tard dans la nuit. Assis sur sa chaise, il expirait la vapeur de sa cigarette électronique, les yeux rivés sur son écran. Même lorsque ses enfants et petits-enfants étaient chez lui.

Nous devons vider un maximum de choses, car il est hors de question pour ma mère de continuer à vivre seule sous ce toit.

Mes parents s'y voyaient mener une retraite paisible. Mon père, grand amateur de course à vélo, adorait les itinéraires réputés des environs.

Cette maison située dans une impasse très calme et bien entretenue était idéale pour accueillir la famille et leurs amis. À la bonne taille et bien orientée. Un certain cachet avec ses volets bleu pâle, un joli jardin arboré, une piscine dans laquelle ma mère avait pied partout, un petit coin solarium, puis ce massif de fleurs que mon père entretenait soigneusement. Et cet olivier planté là, pas loin, que nous avions symboliquement offert à mes parents peu après la naissance de Tom, l'allée en graviers et ses jolis luminaires, le mûrier platane, les grands lauriers roses et quelques voisins, pour ne pas se sentir trop isolés. Au fil des années, ils en avaient fait un endroit qui leur ressemblait.

J'aimais cette terrasse juste devant la maison.

J'y revois nos barbecues, nos discussions, nos fous rires, nos apéros joyeux, nos dîners tardifs qui finissaient parfois en musique ou en concours de danse, mais aussi nos bruyantes parties de *Trivial Pursuit* ou de *Money Drop*.

Je nous y revois heureux. Je croyais que mes parents l'étaient.

Jamais ma mère n'aurait songé à quitter la région. Elle aime tellement la garrigue et ses montagnes, le Mont Ventoux, les villages alentour, leurs fêtes estivales, les petits commerces et les maraîchers, le mistral l'hiver.

La sonnerie de mon portable me ramène sur terre. Un numéro du Vaucluse. Aussitôt une lance perfore mon dos. Je décroche. C'est l'officier de police que nous venons de quitter. Il me demande de revenir au commissariat, indiquant avoir du matériel informatique à me remettre en mains propres, et quelques clés USB sans intérêt, dit-il. Il est 17 h 25 à l'horloge du micro-ondes de la cuisine.

C'est de nouveau le signe d'une mauvaise nouvelle. Alors, je m'accroche à ces chiffres numériques verts comme à une bouée de sauvetage.

Je lui fais gentiment remarquer que cela peut sans doute attendre le lendemain, mais il insiste et finit par me dire qu'il a des éléments à me montrer qui me concernent. Je raccroche. Je tremble de tout mon corps. Je prends mon sac et les clés de voiture. Je m'apprête à sortir, quand Julien me propose de conduire – il n'est pas question que j'y aille seule et encore moins sans lui.

À cet instant, nous sommes tous les deux convaincus que le pire reste à venir. Dans la voiture, mon cœur s'emballe, ma poitrine va exploser, j'ouvre ma fenêtre, mon dos est piqué de braises.

Le trajet dure une vingtaine de minutes mais paraît interminable.

En arrivant au commissariat, j'ai l'intime conviction que j'en ressortirai totalement abattue. Mon frère me tient le bras. En réalité, je ne sens plus mes jambes.

Passé 18 heures, il y a encore des officiers, des hommes et des femmes aussi, dans ce commissariat de province. Comme j'aimerais être là pour un vol de sac à main ou un cambriolage !

Un policier me fait signe de le suivre. Julien se lève, pensant m'accompagner. Il n'y est pas autorisé. Il doit attendre là pour le moment. Nous faisons moins de dix mètres et je découvre un nouveau petit bureau où m'attendent deux policiers, chacun assis derrière leur écran d'ordinateur. Je m'assieds, joins mes deux mains sur mes cuisses et les serre de plus en plus fort pour contenir mon stress.

Je repère alors un gros dossier bleu. Certaines feuilles dépassent légèrement. Des photos imprimées sur papier A4.

J'ai peur de ce que je vais voir.

L'officier de police me demande de me détendre – « Il n'y a rien d'insurmontable », me dit-il. Il a deux photos à me montrer. Il veut juste savoir si je me reconnais.

Sur le premier cliché qu'il pose devant moi, je vois une jeune femme aux cheveux châtain foncé coupés au carré, allongée sur un lit, positionnée sur le côté gauche. C'est la nuit, mais on distingue une lumière artificielle, celle de la lampe de chevet. Elle porte une veste blanche de pyjama chaud et une culotte beige.

La couette est relevée sur le côté droit, de façon à voir ses fesses en gros plan. Elle dort. Je la trouve étonnamment pâle et les yeux cernés.

Je relève la tête et l'informe que je ne suis pas sûre de me reconnaître.

Mon portable vibre dans la poche de mon manteau, c'est Thomas. Il veut sans doute savoir ce qui se passe. Il insiste, mais je ne peux pas décrocher.

L'officier de police saisit alors le deuxième cliché qu'il me tend. Les draps me disent vaguement quelque chose. Mais sans plus. Même position au millimètre près, c'en est troublant. Même profil et mêmes sensations bizarres lorsque je regarde l'image.

Visiblement, il s'agit d'une pièce différente. Cette fois, la femme porte un débardeur avec des motifs noirs et blancs et le même genre de culotte que sur la photo précédente. Je demande alors à revoir le premier cliché. En fait, c'est bien la même culotte beige sur les deux photos. Je répète que je ne me reconnais pas.

L'officier m'observe quelques secondes.

« Pardon de vous poser la question, mais vous avez bien une tache brune sur votre joue droite, comme cette jeune femme sur les deux photos, n'est-ce pas ? »

Mes yeux reviennent aux deux photos. C'est le déclic. Des picotements me parcourent le corps, des étoiles, comme des taches m'empêchent de voir clair, mes oreilles bourdonnent. Je pars en arrière. L'officier de police appelle mon frère. Julien se met à genoux devant moi, me prend les mains et me propose de respirer avec lui.

Un verre d'eau avec du sucre arrive enfin !

Comment a-t-il pu me photographier en pleine nuit sans me réveiller ? D'où vient cette culotte que je porte sur la photo ? M'a-t-il également droguée ? Pire, a-t-il abusé de moi, en dehors de ses deux clichés ?

Quand je retrouve mes esprits, je regarde l'officier et j'acquiesce. Oui, c'est bien moi sur les photos. J'ai beaucoup de mal à les dater. Mais je sais qu'elles remontent à quelques années. Un des policiers tente de me rassurer :

« L'expertise psychiatrique de votre père, réalisée lors de sa première interpellation en septembre 2020, a mis en évidence une déviance axée sur le voyeurisme. »

Il ajoute que les différentes preuves saisies depuis révèlent bien la montée en puissance de ses pulsions sexuelles. Cela aurait été progressif ces dernières années, jusqu'à commettre l'irréparable avec ma mère.

Abasourdi, Julien me demande s'il peut regarder les deux photos qui me concernent. Et il doit, tout comme moi, admettre l'inconcevable.

Nous sommes sidérés, bouleversés. Plusieurs minutes passent.

À présent, je dois porter plainte contre mon père. Une façon d'acter que je suis une victime, moi aussi. Impossible de laisser passer ça. Ces clichés sont un indice supplémentaire du niveau de sa perversité.

« Est-ce qu'un flash, un événement, vous revient, même un détail ? » demande l'officier.

Sans savoir pourquoi, je repense à Pascale, la meilleure amie de maman que nous n'avons plus vue depuis vingt ans. Elles s'étaient rencontrées au travail, début des années quatre-vingt. Elles ont dix ans d'écart. Ma mère, plus âgée, la considérait comme sa petite sœur et l'avait choisie pour être la marraine de Julien. Elle faisait partie de notre famille. Pascale a partagé beaucoup de moments forts de notre vie. Elle venait souvent à la maison et y était reçue comme chez elle.

Pourtant, elles se sont fâchées au début des années 2000 pour une histoire que je n'ai pas bien comprise. Je me souviens que mon père avait eu un rôle central. Il n'avait cessé de la dénigrer pour l'écarter de ma mère.

À l'époque, Pascale avait averti maman du comportement déplacé de mon père, qui lui aurait fait des avances.

« Tu ne sais pas avec qui tu vis. Il serait temps d'ouvrir les yeux. Ton mari n'est pas celui que tu crois. »

Après un échange houleux, ma mère lui a demandé de sortir de son bureau.

Quand maman l'avait interrogé, mon père avait nié les faits. Il avait même menacé d'aller lui régler son compte. Après cet épisode, elles ne se sont plus reparlées. À l'époque, je m'étais étonnée de l'attitude de mon père que je trouvais disproportionnée pour quelqu'un qui n'avait rien à se reprocher. Je m'étais beaucoup interrogée.

Maman avait été très malheureuse. Décider de tirer un trait sur une amitié de vingt ans était un crève-cœur. Très largement encouragée par mon père, elle avait fini par couper définitivement les ponts avec Pascale.

Aujourd'hui, j'ai l'intime conviction que cette rupture dans la vie de maman constituait les prémices de l'emprise que mon père exerçait déjà sur elle.

Tu l'as tellement fait rire. Tu faisais une blague, elle s'esclaffait. Je me disais qu'après tant d'années, c'était un miracle de garder cet humour commun. Durant vos premières années à Mazan, vous étiez hilares. Tout était prétexte à rigoler.

Je propose à l'officier de contacter Pascale. Puis je relis ma déposition, la signe. Nous nous levons pour partir. Je me raisonne. Je refuse de me laisser aller à imaginer ce qui a pu se produire en dehors de ces deux prises de vue.

Nous dévalons les escaliers avec Julien, nous sommes en fuite, nous laissons l'impensable derrière nous, comme s'il était enfermé dans ce commissariat et ne déteindrait pas sur nos vies, comme si m'éloigner de ces deux clichés les ferait disparaître.

Sur le trajet du retour, je rappelle Thomas. Il est effondré.

Je suis ébranlée par la position que j'ai sur les photos. Je suis convaincue que je ne dors pas naturellement. Mon sommeil est léger d'habitude, un rien me réveille. J'ai donc moi aussi été droguée.

Ma mère est dans le salon, devant des documents étalés sur la table. Elle découvre des relances de factures, des problèmes financiers. Mon père les avait mises en vrac dans des pochettes plastiques.

Lorsque je rentre dans la pièce, elle me regarde d'un air détaché, comme si je rentrais d'une promenade. Pas sûre qu'elle encaisse l'histoire des deux clichés, pourtant, je dois lui dire. Et, comme je m'y attendais, elle ne réagit pas. Elle reste là, debout devant moi, l'œil vide.

« Est-ce que tu es bien certaine que c'est toi sur ces deux photos ? »

Elle doute de ce que j'ai vu. Je suis estomaquée. Il s'agit peut-être d'une défense inconsciente, mais cette réaction me fait mal. Julien entre dans le salon et déclare d'un ton ferme qu'il s'agit bien de moi sur les photos. Il n'y a aucun doute. Sur l'une d'entre elles, il pense même avoir reconnu l'endroit. Une des chambres de l'ancien appartement de nos parents. Bien avant 2013.

Je comprends alors que maman choisit le déni.

J'ai besoin d'air et de Paul. C'est la même chose. Je sors sur la terrasse pour appeler mon mari.

Il fulmine. M'incite à choisir un avocat. Il s'est renseigné, un nom est apparu comme une évidence. Celui d'une experte des procès d'assises. Une personnalité forte, reconnue pour être une lionne dans ce type d'affaire. Lorsque je compose son numéro, je suis de retour dans le salon face à ma mère. Elle est là sans être là, murmure que tout va trop vite pour elle.

L'avocate décroche. Elle mentionne rapidement l'importance des expertises toxicologiques et psychiatriques, de part et d'autre. Elle nous rassure d'emblée sur l'aspect financier. Même si les frais seront élevés, ils seront prélevés pour une large part sur les dommages et intérêts à percevoir à l'issue du procès, en tout cas pour maman. Elle nous indique le contenu du courrier à adresser à la juge d'instruction. Même si tout cela est en décalage avec notre état de sidération, j'entrevois ce qui nous attend. Nous allons devoir mener une longue bataille, une course de fond. Chacun de nous aura à faire son chemin, sa part de deuil. Ma mère devra renoncer à son mari ; nous trois, à notre père.

« Dans ce genre d'instruction, il faudra attendre trois ans minimum avant le procès aux assises, m'explique l'avocate. Le temps judiciaire n'est malheureusement pas celui des victimes. »

Ce langage deviendra mon quotidien. Je croyais avoir une vie simple et ordinaire, je me retrouve catapultée dans l'univers judiciaire.

Je ne peux toujours rien avaler. Je me contente d'une soupe avant de continuer à exhumer les courriers entassés dans les tiroirs du bureau de mon père. J'y découvre des contraventions indiquant des déplacements nocturnes et impromptus sur des axes autoroutiers, des lettres de relances glissées en vrac dans des pochettes. À quoi correspondent ces dettes ? Pourquoi le tribunal administratif de Carpentras les a-t-il convoqués plusieurs fois ? Ma mère est incapable de répondre à mes questions. Pas seulement à cause de son épuisement, mais aussi parce qu'elle a depuis longtemps délégué à son mari les affaires de la maison. Elle ne faisait même plus les courses. Mon père, en prétendant la débarrasser de cette corvée, y allait seul. En dehors de la marche avec son amie Sylvie, ma mère n'avait plus vraiment d'activité sociale. Je mesure le degré d'emprise que mon père a exercé sur maman.

De toute façon, selon elle, c'était devenu impossible de s'intéresser au courrier : il mettait un point d'honneur à le relever lui-même, dès le passage du facteur.

Il pouvait même rembarrer maman. Elle se sentait mise à l'écart, avait fini par lâcher prise.

Malgré ma fatigue, je suis terrorisée à l'idée de dormir seule dans la chambre violette. Combien d'agresseurs sont venus dans cette maison pour y violer ma mère ? J'ai peur que quelqu'un vienne nous rendre visite en pleine nuit. Julien accepte de dormir sur un matelas au sol, près de mon lit.

Au même moment, Tom et Paul passent la soirée chez nous, devant le match qui oppose le PSG à l'OM. Tom et mon père, son Papou, avaient pris l'habitude de s'appeler avant le début du match pour faire des pronostics. Cette fois-ci, mon fils se contente d'une remarque :

« Papa, dis à Papou que je suis pour l'OM. »

Paul se raidit, une vague de désolation déferle tandis que les joueurs investissent le terrain. Il sait que ces échanges n'arriveront plus, il en veut terriblement à mon père d'en priver Tom, lui qui a toujours eu une grande affection pour son Papou. Alors, après avoir couché notre fils, Paul décide d'envoyer un ultime texto à mon père.

Il sait bien que, du fond de sa cellule, mon père ne risque pas de lire ces quelques lignes. Qu'importe, Paul lui écrit pour la dernière fois.

Je t'écris un message que tu ne liras jamais.

Regarder un match de l'OM avec ton petit-fils c'est l'assurance d'entendre :

« Dis à Papou... » toutes les cinq minutes.

Mais, je ne pourrai plus rien dire à Papou. Et mon fils non plus.

Tu es minable d'avoir fait ce que tu as fait.

Tu es minable d'avoir privé mon fils de son dernier grand-père.

Je pleure et je t'emmerde.

Dans mon lit, je repasse en boucle les deux photos. Je me réveille à 5 h 42, j'ai oublié où je me trouve. J'entends la respiration de Julien, qui dort profondément, là près de moi. J'ai peur d'aller aux toilettes, à l'autre bout du couloir, face à la porte d'entrée. Cette maison est devenue un danger. Atteindre les toilettes est un parcours du combattant, je garde les yeux rivés sur la lampe de mon portable.

Je retourne à toute vitesse dans le lit, me recroqueville sous les draps. J'aimerais me rendormir, mais tous mes sens sont en alerte. Je suis à l'affût du moindre bruit.

Vivement que le jour se lève.

Mercredi 4 novembre 2020

Deux heures plus tard, je suis réveillée par le bruit de couverts qui s'entrechoquent. Il est 7 h 45. Dans la cuisine, maman est assise devant son bol de café noir, elle fixe la porte-fenêtre. Peut-être attend-elle mon père, après un de ses tours à vélo au petit matin. Elle semble si menue, dans cette cuisine silencieuse, face à la chaise vide de mon père. Souvent, lorsque je venais les voir, je les trouvais face à face le matin, en train de parler du programme de la journée ou de commenter l'actualité.

Je me plante devant elle. Elle me propose un café. C'est la première fois que nous sommes seules, elle et moi, depuis nos retrouvailles de la veille. Visiblement sa nuit a été aussi courte que la mienne.

Elle aussi a pensé aux photos montrées au commissariat, où elle apparaît nue et inconsciente. Pour elle, c'est irréel. Ces images sont fictives, elles n'ont rien à voir avec ses années de vie conjugale. Maman me raconte ce matin du 2 novembre, lorsqu'ils ont été convoqués au commissariat. À ce moment, la police a mis la main sur le matériel informatique de mon père après sa première interpellation, dans le supermarché de Carpentras. De cette interpellation, ma mère ne connaît qu'une version très édulcorée servie par mon père. Il lui a parlé de deux femmes au lieu de trois, ne dit pas qu'il a filmé sous leurs jupes. Ce jour-là dans la cuisine, il pleure à chaudes larmes, confesse « une énorme bêtise ». Redoutant l'annonce d'une maladie grave, ma mère est presque soulagée par son aveu. D'autant que mon père jure ses grands dieux qu'il ignore ce qui lui a pris, c'est la première fois, une folie passagère.

Une comédie grotesque et pathétique.

Mine de rien, il lui avait tout de même confié qu'il envisageait d'aller consulter un psychiatre. En réalité, il n'avait pas le choix, cela faisait partie des conditions de sortie de sa première garde à vue.

Il avait ensuite ajouté qu'il ne pouvait plus faire cette belle escapade d'un mois à bord d'un voilier avec son frère aîné et son neveu, dont il rêvait tant.

Ce grand voyage devait débuter le 30 septembre 2020, mon père avait prétexté le désagrément dû à la promiscuité à bord du bateau et la durée de son absence. Cela risquait de faire trop long pour ma mère.

En réalité, il savait déjà qu'il serait reconvoqué par la police. Et qu'il ne pouvait pas quitter le territoire.

En définitive, maman sera appelée par le lieutenant de police du commissariat de Carpentras le 13 octobre – soit un peu moins d'un mois après cette mascarade.

Résultat : lorsque l'officier lui demandera si elle est au courant de l'incident avec son mari dans les rayons du Leclerc à la mi-septembre, maman lui répondra par l'affirmative. Mais, habilement, il lui demandera aussi d'accompagner son mari reconvoqué le 2 novembre. Elle est alors à mille lieues d'imaginer ce qui l'attend.

Maman se lève pour se resservir un café. Elle me raconte ses derniers moments passés avec mon père.

Le matin du 2 novembre, mon père est étonnamment calme. Ils se sont levés en même temps, vers 7 heures, pour prendre sans le savoir leur dernier petit déjeuner ensemble. Ma mère évoque la date d'anniversaire de son frère Michel, décédé des années auparavant :

« Aujourd'hui, Michel aurait 69 ans. »

À 8 h 45, ils quittent la maison.

Mon père porte son pantalon en velours vert bouteille et le polo rose Eden Park que nous lui avions offert avec Paul. Il a enfilé sa veste de survêtement grise par-dessus. Ma mère lui fait remarquer son manque d'élégance vestimentaire.

« Ah, ta mère et son éternel souci du détail », soupirais-tu souvent, avec une lassitude un peu amère, que je mettais sur le compte de presque cinquante ans de vie commune, sans mesurer le

mépris dissimulé derrière cette phrase. Faut-il que tu haïsses les femmes et leurs envies, justement, puisque tu as décidé que ta femme paierait pour toutes. »

Sur le trajet, mon père ne montre aucun signe d'anxiété, me dit ma mère. Il conduit tranquillement.

Une fois la voiture garée, il marche vers le commissariat d'un pas assuré. Dans le fond, il est persuadé qu'il s'agit d'une simple formalité administrative.

Le lieutenant propose d'abord à mon père de le suivre pour s'entretenir avec lui. Il se lève sans un regard pour ma mère.

Il pense qu'il va passer au travers des mailles du filet.

Au bout d'une heure, maman voit redescendre le lieutenant de police. Cette fois, il vient la chercher.

Ma mère pense retrouver mon père, mais l'officier lui demande de s'asseoir. Elle n'ose pas poser de questions. Le lieutenant l'interroge sur les faits survenus au supermarché deux mois plus tôt, puis l'entretien prend une tournure que ma mère trouve étrange :

« Madame, quels sont les adjectifs qui caractérisent la personnalité de votre mari ?

— Mon mari est une personne bienveillante, attentionnée, toujours prêt à rendre service. Il est très apprécié par notre entourage. Nous nous sommes rencontrés lorsque nous avions tous les deux dix-huit ans et nous nous sommes mariés peu après, en avril 1973. Nous avons trois enfants et aussi plusieurs petits-enfants.

— Diriez-vous que vous êtes toujours aussi complices depuis toutes ces années ?

— Oui. Nous avons connu des bas. Mais nous avons toujours réussi à les surmonter.

— Avez-vous des amis dans la région ? Vous vous invitez mutuellement ?

— Nous vivons à Mazan depuis mars 2013. Oui, bien sûr que nous avons des amis. On se voit, on s'invite pour déjeuner ou dîner, enfin, nous avons une vie somme toute normale.

— Faites-vous des siestes ? »

Maman est déstabilisée. D'autant que le policier lui demande ensuite comment elle se sent lorsqu'elle se réveille le matin, la fréquence de leurs rapports sexuels, s'ils pratiquent l'échangisme… « Non, quelle horreur, je ne supporterais pas les mains d'un autre, il me faut du sentiment », répond maman, ahurie. Elle se demande s'il n'y a pas une erreur sur la personne.

Enfin, le lieutenant sort un premier dossier. Avec un regard à la fois compatissant et gêné, il la prévient que ces images ne vont pas lui faire plaisir. Maman a mal dans la poitrine. Elle sort ses lunettes.

Sur la première photo elle apparaît inconsciente, nue, sur le ventre, un homme de couleur est derrière elle. Les trois autres photos sont du même registre, avec des hommes différents chaque fois. C'est bien sa chambre, son lit, ses draps, ses tables de chevet, ses lampes.

Et c'est bien elle. Mais elle n'en a pas le moindre souvenir.

L'officier lui présente une autre photo de mon père accroupi face à une autre femme nue qu'elle ne connaît pas, visiblement inconsciente elle aussi.

Il propose ensuite de montrer à maman une sélection de vidéos. Ce qu'elle refuse, exsangue.

L'officier décide d'informer maman de la soumission chimique mise en place par mon père. Il lui administrait un mélange de somnifères et d'anxiolytiques dans son café noir, ou son verre de table. Il fallait parfois qu'elle reste endormie plus de huit heures d'affilée. La première agression date de septembre 2013, à en croire l'analyse du matériel informatique de mon père – plusieurs cartes SIM, un caméscope, un appareil-photo, un disque dur contenant plus de vingt mille photographies et vidéos. La brigade a déjà identifié cinquante-trois auteurs de viol depuis le début des investigations et laisse entendre qu'il y en a sans doute davantage.

« Dans l'imaginaire collectif, les viols se produisent généralement la nuit, sur un parking ou dans une ruelle sombre, lui explique l'officier. Or, dans la majorité des cas, l'agresseur fait partie de l'entourage de la victime – l'ami, le conjoint, un collègue, un proche… Et l'administration de drogues est plus fréquente qu'on ne le croit, ce n'est pas toujours un comprimé dans un verre lors d'une soirée. La soumission chimique peut aussi s'exercer au sein d'un couple. »

Maman comprend un mot sur deux. Elle est brisée. Elle doit maintenant porter plainte contre son mari, puis être prise en charge d'urgence par une psychologue.

Quand maman rentre enfin, elle trouve sa maison sens dessus dessous. La police est revenue perquisitionner le domicile dans le courant de la matinée, à la recherche de nouveaux éléments. Ils ont embarqué l'ordinateur de dépannage qu'il s'était procuré en attendant de récupérer le sien. Les tiroirs, les placards ont été fouillés, tout a été retourné. Ma mère, assommée et mutique remet sa maison en ordre.

Elle lave, sèche et repasse les vêtements de mon père, lui prépare un sac de rechange pour le lui apporter au commissariat. Elle s'exécute comme un robot. Son corps fonctionne, mais pas son cerveau. En psychothérapie, cette réaction s'appelle la dissociation. Elle permet d'isoler l'expérience vécue pour mieux faire face au traumatisme. C'est un mécanisme d'autodéfense psychique.

J'en suis à mon cinquième café lorsque maman finit son récit. La suite je la connais. Mes frères viennent nous retrouver dans la cuisine.

Nous décidons d'entamer un grand nettoyage. Je m'attaque aux tiroirs du bureau. La situation financière de mes parents me semble aussi bordélique que catastrophique.

Certains courriers signalent un haut niveau d'endettement. Décidément, nous ne sommes pas arrivés au bout de nos surprises.

Thomas et Julien s'occupent de vider les pièces. L'objectif est de repartir le jeudi 5 novembre en fin de journée. Aucun de nous ne veut passer une troisième nuit dans ces murs. Maman ne souhaite pas garder grand-chose de sa vie d'*avant*. Nous photographions la plupart des meubles que nous publions sur le Bon Coin. Nous remplissons de grands sacs-poubelles que mes frères emportent à la déchetterie. Notre frénésie épargne toutefois quelques cartons, quelques souvenirs du passé.

Photo de votre remariage, le 7 juillet 2007. Après ce fameux divorce pour des raisons financières… Tu portes un costume gris clair, tu souris, tu enlaces maman. Tu parais infaillible. Et sain.

Je décroche ses dessins, ses toiles des murs de la maison. Toutes celles qu'il a peintes depuis leur arrivée dans ce village. À commencer par ce tableau d'une femme nue. Je l'attrape, je sors sur la terrasse, je veux le fracasser et l'anéantir sur le dos d'une des chaises qui se trouve là.

Il se fend en deux, l'une des pièces se retourne. Au dos, une inscription au crayon noir. Le tableau s'intitule *l'Emprise*, août 2016.

La nuit, je garde les yeux ouverts.

Aujourd'hui, mon père a été déféré au pôle criminel du tribunal judiciaire d'Avignon, pour comparaître devant la juge dans la journée. Puis directement incarcéré dans le centre pénitentiaire du Pontet, au sein du bâtiment réservé aux délinquants sexuels. Je vais devoir m'habituer à accoler les mots « mon père » et « criminel sexuel ». Je pense aux deux photos. Jusqu'où est-il allé avec moi ?

Jeudi 5 novembre 2020

Mon corps est raide. Mon dos me fait toujours aussi mal. Mes frères sont déjà partis à la déchetterie. C'est notre dernière journée sur place. Il reste encore beaucoup à faire avant de prendre notre train pour Paris avec maman, qui part avec nous.

Mon amie Anne m'appelle pour prendre de mes nouvelles. Elle me conseille de ne pas attendre pour consulter une psychologue et me recommande une praticienne spécialisée dans ce genre de traumatisme. Je sors sur la terrasse pour l'appeler.

Je commence par ce que mon père a fait subir à ma mère, les drogues, les viols, les mensonges, ses manipulations. Puis, je lui parle des deux photographies de moi.

Elle marque un silence. En mettant pour la première fois des mots sur toutes les angoisses qui occupent mon esprit et m'obsèdent depuis presque trois jours, je prends conscience de la violence et de l'aberration de ce que je suis en train de vivre.

Pour finir, la psychologue m'annonce ses tarifs qui m'achèvent.

Lorsque je réalise que je suis assise au pied du mûrier platane, cela fait déjà plusieurs minutes que j'ai raccroché. Je suis incapable de me relever.

J'entends le portail s'ouvrir, mes frères reviennent de la déchetterie, c'est leur dernier transport. Julien s'approche de moi.

Je fonds en larmes.

« Je pense que j'ai été droguée. Je ne dors pas naturellement sur ces deux photos. La lumière est trop présente pour ne pas m'avoir réveillée. Et puis, je me connais, je ne dors pas habillée comme ça, ni dans cette position, qui est au millimètre près la même sur les deux photos. Et cette lingerie ? C'est exactement la même sur les deux clichés. Comment est-ce possible ? Les photos ont été prises à deux endroits différents et à deux périodes bien distinctes. »

Julien comprend que je suis en pleine crise de panique. De toute façon, c'est trop tard, mon mécanisme de survie mentale s'est déréglé. Mes frères me portent jusqu'à la cuisine, me placent en position latérale de sécurité sur le carrelage. Je tremble et je suis en nage. Ma mère me regarde, effrayée. Julien me parle mais je ne l'entends plus. Ma vision se trouble. Puis d'un coup, plus de son, plus d'image.

Quand je reviens à moi, les pompiers sont là. Prise de tension, verre d'eau sucrée. Une jeune femme brune me parle doucement. Je l'implore de m'aider. Je veux fuir.

Je reste assise plusieurs minutes, puis je comprends qu'il est question qu'on m'administre un calmant – pour cela, je dois me rendre aux urgences de Carpentras.

Thomas s'interpose. Si je monte dans ce camion rouge, il n'y a aucune chance que je reparte ce soir avec eux. Impossible de rester dans cette maison une journée de plus. Trop pénible, trop lourd, trop douloureux. La seule alternative est de consulter d'urgence un médecin en ville. Trois quarts d'heure plus tard, je franchis le seuil du cabinet médical du village, encadrée par mes deux frères. En quelques minutes une petite pilule me met en apesanteur. À notre retour, notre maison d'autrefois est presque une coquille vide. Il est temps pour nous de repartir. Lorsque nous fermons la porte, le visage de maman se crispe. Elle ne laisse que très peu de choses derrière elle.

Te souviens-tu de la fête organisée pour vos cinquante ans respectifs dans notre maison familiale ?

Nous, tes enfants, vos amis réunis, ce traiteur si raffiné, les bons vins, ces morceaux de musique que tu aimais tant et sur lesquels nous avons tous dansé ce soir-là, maman accrochée à ton cou.

Dans ton discours, tu l'avais si délicatement remerciée, « ma plus belle rencontre et mon tout », pour toutes ces années de bonheur. Et, tu avais fini par :

« Et merci la vie. »

Le soir même, nous sommes à la gare d'Avignon.

Lorsque nous arrivons à la maison, Paul a tout mis en ordre, préparé la chambre d'ami pour maman. Il y a même disposé un joli bouquet de fleurs. Un beau dessin coloré de bienvenue de Tom trône sur l'étagère de la bibliothèque.

Paul nous annonce avoir trouvé la psychologue idéale pour maman. Elle peut la recevoir dès le samedi matin prochain à son cabinet. Première bonne nouvelle de la semaine. J'espère pouvoir fermer les yeux plus de deux heures cette fois-ci.

Vendredi 6 novembre 2020

Ce matin, je me réveille aphone. Ma voix s'est éteinte, comme ma vie *d'avant*.

Au petit déjeuner, j'évoque le dossier rapporté de Mazan, qui contient les relevés de banques et les crédits. Pendant plus d'une heure et demie, j'examine les nombreux courriers pour recouper les informations. Je mesure très vite l'ampleur des dégâts.

Les sommes dues sont astronomiques. Maman est incapable de me dire où ils en sont précisément dans les échelonnements – « c'est lui qui gérait », répète-t-elle. Je perds mon calme.

« Comment as-tu pu lui faire confiance sur ce volet-là de votre vie ? Lui qui a toujours été un mauvais gestionnaire ? Si cela avait été son fort, ça se saurait ! Vu toutes les traversées du désert que vous avez connues ! »

Ma mère ne répond pas. Elle n'a pas l'air de comprendre que cette situation financière va considérablement modifier son niveau de vie.

Les appels téléphoniques que je passe aux organismes bancaires confirment mes craintes. Des prêts importants ont été signés. Tout ou presque est au nom de maman.

Plusieurs justificatifs de recours ont été menés à leur encontre, et l'un des derniers jugements notifiés par un cabinet d'huissier de Carpentras mentionne quatorze pour cent d'intérêts de pénalité par an sur un crédit déjà colossal contracté depuis 2009. Le montant cumulé des dettes est ahurissant. Les bras m'en tombent !

Je perds à nouveau mon sang-froid quand ma mère me promet d'assumer et gérer. J'ai envie de la secouer. Plus j'en apprends sur la vie de mes parents, plus je mesure l'emprise que mon père a instaurée sur elle, sans qu'elle bronche. Une grosse fatigue m'envahit. Je m'allonge. Est-ce que ce cauchemar pourrait cesser un jour ?

Plusieurs heures s'écoulent. Au réveil, mes tempes me font mal, il me faut quinze bonnes minutes pour sortir de mon lit.

Maman rentre tout juste de sa balade. Le jour décline. Elle semble détendue. Je m'en veux de l'avoir malmenée. Je me promets désormais de la ménager. Mais Paul me fait signe de la tête de le suivre discrètement dans la cuisine. Je me raidis.

De quoi s'agit-il encore ?

Paul désigne l'écran allumé de son ordinateur. Je le sens nerveux.

« Lis ça. »

Un article daté de la veille sur le site Actu17 : « Carpentras : Il droguait son épouse, invitait des inconnus à la violer durant la nuit et filmait les scènes. »

Quand elle le découvre, ma mère s'effondre dans les bras de Paul, qui la porte sur le canapé. Cette fois, c'est moi qui suis impuissante. Cet article ne va pas tarder à faire des émules. Paul le sait. C'est son métier. Les sites de la presse régionale vont également s'en emparer. Il faut maintenant appeler mes frères pour les prévenir. Nous sommes catastrophés.

« Quel scandale ! » s'écrie Julien.

Nous sommes tous les trois démolis.

Qui est vraiment mon père ? Où est passé celui qui m'a autrefois choyée ? Où est celui qui m'emmenait à l'école, m'encourageait dans mes activités sportives, mes études, mes projets, et plus tard dans mes choix professionnels ?

Celui qui prenait soin de ses petits-enfants, jouait avec eux, semblait comblé par sa vie de famille ? Comment peut-on mener une double vie et tromper le monde pendant tant d'années ?

Paul s'approche. Je le gifle pour la première fois de notre histoire. Je suis en train de dérailler complètement. Ma mère me demande de me reprendre. Rien n'y fait. Après l'explosion nerveuse s'ensuit une crise de tétanie. J'appelle à l'aide. Paul me dira bien après que cette crise d'hystérie l'a terrifié. Quelques instants plus tard, l'ambulance est là. J'aperçois ma voisine perchée sur son portail. Elle me parle. Je ne l'entends pas. Je suis déjà loin.

Nous arrivons à l'hôpital. Je passe une partie de la nuit sur un brancard, puis dans une chambre, où l'on viendra me voir deux fois. Si seulement j'avais été accompagnée dès ma sortie du commissariat de Carpentras… Si j'avais pu bénéficier d'un encadrement thérapeutique sans être lâchée dans le vide et livrée à moi-même… Je n'aurais pas atterri dans cet hôpital. Quand la justice saura-t-elle épauler et protéger les victimes, passé le dépôt de plainte ? Comment peut-on laisser des personnes traumatisées rentrer chez elles seules comme si de rien n'était, a fortiori dans ce genre d'affaire ? Pourquoi personne, dans les hautes sphères, n'a songé à lier systématiquement les professionnels judiciaires et ceux de la santé, à la sortie d'un commissariat ?

Samedi 7 novembre 2020

Je suis aux urgences psychiatriques. Une infirmière me demande les raisons de ma crise de nerfs de la veille. Ma tête en dit long, mes yeux sont rougis et gonflés par les larmes. Je lui réponds d'un filet de voix tremblotante que je veux rentrer chez moi.

« Les urgences, OK, mais les urgences psychiatriques, non.

— D'accord, mais d'abord, expliquez-moi ce qui a provoqué votre transfert ici. » Je me lance. Elle se contient sur sa chaise.

Je m'entends lui dire :

« Oui, ce genre d'histoire n'arrive que dans les films. »

Parler fait monter ma peine. Je ne peux plus m'arrêter de pleurer. Je veux vraiment rentrer chez moi. L'infirmière parle de choc émotionnel et m'interdit une sortie dans cet état. Je dois d'abord voir un médecin-psychiatre. Elle m'accompagne dans la chambre et me tend un téléphone. Paul décroche.

« Cette crise est une première alerte, Caro. Il faut te faire aider. Il va falloir te ménager et te reposer. »

Deux médecins entrent et me proposent « un décontractant » pour mieux aborder la consultation.

Quelques minutes après la prise du cachet, mon corps se relâche. À mesure que je raconte mon histoire, je sens tous mes membres devenir lourds. Sans le vouloir, je glisse sur le côté gauche, comme sur les deux photos qui existent de moi. C'est terriblement gênant. Je m'excuse de me retrouver sur le flanc. Mais je ne peux pas lutter. Les médecins précisent que vu mon épuisement extrême, il est préférable de rester là au moins jusqu'au lendemain. J'entends et comprends tout, mais mon champ de vision se rétrécit. Est-ce cela que ressentait ma mère ?

Au réveil, l'inquiétude monte. La soumission chimique, très peu pour moi. Impossible de me situer dans le temps et l'espace. Je n'ai ni portable ni montre.

Ma langue est en carton-pâte. J'essaie d'organiser mes pensées, mais je suis sonnée. L'infirmière rentre dans la chambre et m'informe que l'on m'a donné un neuroleptique puissant afin que je puisse lâcher et me reposer. J'apprendrai par la suite qu'il s'agissait d'un traitement que l'on donne dans la prise en charge de certains types de schizophrénie.

« Vous êtes fragile, votre état de nerfs est trop inquiétant pour que vous puissiez repartir. Passez au moins une nuit ici avec nous, et vous ferez le point avec le médecin de garde demain matin », me dit l'infirmière.

Surtout pas. Si je reste engluée, mon père va surgir, m'observer, me toucher comme sa chose,

Dimanche 8 novembre 2020

Tôt le matin, j'entends un sanglot qui monte derrière la porte. Une femme crie son désespoir. Cela dure plus d'une heure. Elle psalmodie dans une langue que je ne comprends pas. J'entends la tête de son lit métallique cogner contre le mur. Je préviens l'infirmière.

« On doit attendre l'arrivée du médecin pour l'endormir. Mais rassurez-vous, elle est sanglée sur son lit. »

Je suis indignée. Comment peut-on laisser les gens souffrir ainsi ? Attachés sur un lit ? Comme j'ai pu récupérer mon portable, je supplie Paul de venir me chercher. Il me rappelle que je dois d'abord convaincre le médecin de garde.

C'est une femme qui vient me voir en fin de matinée. Elle parle à voix basse, avec un regard inquisiteur. Elle scrute mes gestes, teste ma capacité d'élocution. Ai-je des pensées suicidaires ? Comment j'aborde la sortie hors des murs de l'hôpital ?

« Je veux sortir. Je vais me faire aider, mais pas comme ça ».

Elle évoque alors une prise en charge médicamenteuse. Hors de question pour moi d'avaler ces pilules. Je lui explique que la soumission chimique est directement liée au traumatisme qui m'a menée ici. Je ne veux pas être sous emprise.

C'est précisément ce qui a ruiné notre vie. Le médecin persiste, me donne une ordonnance pour des antidépresseurs, des somnifères et me recommande un suivi psychiatrique en urgence en ville. Je ne cherche pas à négocier. J'acquiesce. Mon seul but est de quitter cet endroit.

Lorsque je me retrouve à nouveau seule, je décide d'appeler ma cousine. Elle est médecin généraliste et vit en province. Elle est au courant du drame que nous traversons.

« Tu sais combien je t'aime, ma Caro ? Tu vis un choc terrible, tu as tenu plusieurs jours dans un état de détresse psychologique avancé, maintenant tu dois être moins exigeante avec toi-même. Tu as besoin d'une petite béquille, fais-moi confiance ».

Elle comprend mes craintes et propose de me prescrire une aide médicamenteuse sans aucun risque d'accoutumance. Il est aussi question de prendre un antihistaminique pour me détendre en cas de montée de stress. Ma cousine m'explique qu'il est indispensable de gérer ses émotions, ses perturbations, dans les premiers jours qui suivent un tel traumatisme.

Elle a toute ma confiance. Je l'aime comme une sœur, alors je l'écoute avec attention et lui parle du somnifère que la psychiatre m'a prescrit.

Elle me conseille d'en prendre au moins un ce soir. C'est décidé, dans l'immédiat, c'est ma cousine qui supervisera mon suivi, pour cette première étape. Comment font les femmes qui n'ont pas cette chance ? Si la médecine, censée épauler dans le cadre d'un processus judiciaire, est aussi calamiteuse, comment espérer une seconde pouvoir se réparer ?

J'appelle ensuite mon amie d'enfance, Marion. J'ai besoin de l'entendre, elle aussi. Paul l'a prévenue de mon atterrissage forcé dans cet hôpital. Ses premiers mots pour maman et moi me font du bien. On éclate en sanglots au même moment. On pleure ensemble près de vingt minutes. Puis je lui demande d'avertir notre cercle proche car je n'ai pas le courage de le faire. Je n'ai pas non plus l'énergie d'informer mes deux autres amies d'enfance, mes indispensables depuis plus de trente ans.

Lorsque Paul franchit le seuil de la chambre, je suis déjà prête. Assise sur le lit, je fixe des yeux la fenêtre. Je pense à maman. Pourquoi n'est-elle pas venue me voir ? Où est-elle ?

« Elle est allée vivre chez Julien. Elle est partie de chez nous hier après-midi. Elle pense, comme sa psychologue, que vous êtes trop impactées toutes deux et que vous ne pouvez pas vivre ensemble en ce moment. »

Cette décision me blesse profondément. Je me sens abandonnée. Je ne vais pas retrouver ma mère à mon retour. Mes yeux me piquent, les larmes coulent de nouveau.

Enfin, ma maison. Il me tarde de retrouver mon fils, parti jouer chez un copain. Mais Paul a prévu de faire dormir Tom chez son camarade ce soir. Il faut que je puisse dormir sans contraintes.

Sous la douche, je sens encore l'odeur de la Javel des draps de l'hôpital.

Lorsque je retrouve Tom, nous allons prendre l'air, marcher, sentir le vent.

Pendant quelques minutes, je me déleste un peu de mon fardeau. Durant notre balade, Tom ne pose aucune question. Il sait que j'étais à l'hôpital. Il me dit qu'il aurait préféré que sa Maminou reste chez nous. Elle lui manque déjà. Et à moi donc !

Je m'efforce de ne rien laisser paraître. Ni tristesse ni rancœur. Ne rien dire, ne rien commenter. Je passe le reste de l'après-midi collée à lui. Je lui lis des histoires, lui donne son bain, nous dînons même tous les trois, malgré mon cruel manque d'appétit. Puis Paul part déposer Tom, à nouveau, chez son copain.

Après leur départ, l'angoisse revient.

Je réalise que Paul devra partir pour le travail dans la nuit, horaires décalés obligent. Je serai seule. À mon tour, comme ma mère, de redevenir une enfant.

À 21 heures, je prends le cachet de Théralène. Et rien ne se passe. Je suis si tendue, si crispée à l'idée de me laisser aller, et de devenir une proie, que le médicament reste sans effet. À 23 h 30, Paul se couche et je ne dors toujours pas. Il me sent agitée. Il est aussi inquiet que moi, mais pour d'autres raisons. Il redoute un suicide.

Tu m'as apporté une nouvelle terreur, celle de dormir seule. Tu m'as volé un sommeil sans crainte. J'avais une paix, tu l'as annihilée.

Je reprends un cachet vers 1 heure du matin. Il met du temps à agir, mais je finis par sombrer. J'entends vaguement Paul se lever à 2 heures pour partir.

Sur la route, à 3 h 18, il envoie un premier texto à mon amie Marion : « SOS. Rappelle-moi. Viens ASAP STP ». Puis un deuxième texto à 6 h 34 : « Caro a beaucoup d'angoisses et n'est pas très réceptive aux médicaments qui devraient la faire dormir. Ils paraissent inefficaces. Ce qui m'angoisse. Savoir qu'elle est toute seule alors que je suis au bureau est une torture. Je me sens affreusement coupable, mais je ne pouvais pas imaginer qu'elle ne dormirait pas et je ne pouvais pas me dédire dans la nuit… si tu l'appelles et que tu tombes sur son répondeur, ne t'inquiète pas, elle s'est mise en mode avion. Moi je lui ai laissé un message sur la table de nuit pour lui dire de m'appeler aussitôt si elle ne se sentait pas bien. Je t'embrasse. »

Aux alentours de 4 heures, je me réveille en nage. Comme si mon corps refoulait toutes les substances ingurgitées à l'hôpital. Je suis de nouveau effrayée à l'idée de dormir seule. J'ai presque peur de moi-même. De mes sensations. Des images qui pourraient m'assaillir.

Je tente de me raisonner.

Ce n'est qu'à 6 heures du matin, lorsque je distingue les premières lueurs du jour, que je parviens enfin à me rendormir.

Lundi 9 novembre 2020

À 9 heures, j'ouvre les yeux. À peine levée, j'ai envie de pleurer. J'enchaîne les cafés. Vers 10 heures, je fais un brin de ménage, histoire de m'occuper. Au moins, mon corps et mon esprit sont accaparés par une tâche sans intérêt.

Pendant ce temps-là, je ne pense pas. Je n'entends même pas Paul rentrer. Ni Marion sonner. Elle se précipite dans la chambre d'amis que je remets en ordre, je sursaute, et je m'effondre dans ses bras. Face à mon naufrage, elle me propose de venir s'installer à la maison. Je n'aurai plus à avoir peur, je pourrai dormir sereinement.

Cette première journée à ses côtés s'annonce moins chaotique que toutes les précédentes. Et pourtant, maman me manque.

D'ailleurs, le matin même, ma cousine m'appelle pour me communiquer ses résultats d'analyse. Pas de sérologie HIV ni d'hépatite C positives.

En revanche, elle a contracté quatre MST, dont le papillomavirus, qui peut déclencher un cancer du col de l'utérus. Elle devra donc faire un dépistage préventif annuel. C'est un moindre mal quand on repense à la centaine de viols subis par ma mère au cours des dix dernières années. Le dernier viol remonte au 22 octobre 2020. Il faudra donc refaire des tests à trois mois, puis à six mois de cette date pour se tranquilliser totalement.

Ma cousine décide de la mettre sous antibiotiques et d'opter pour un suivi gynécologique rapproché. Ma mère ne sera reçue que le 19 décembre par l'Unité Médico-Judiciaire de Versailles pour une série d'examens. Ils serviront à documenter son expertise médicale et gynécologique complète.

> *Les matins d'été, tu me réveillais tôt. Nous partions à vélo sur les routes de campagne du Vaucluse. Ta voix dans les montées, « Ne lâche pas, allez ma fille ! Courage ! » Ta joie d'être arrivé au col de la Madeleine, entre Bédoin et Malaucène, et moi qui te rejoins, mets pied à terre. Nous contemplons ensemble, et en silence, le paysage grandiose.*

Les jours suivants, Marion prend soin de moi. Et pourtant, prendre le temps de cuisiner, courir, lire, regarder un film, écouter de la musique sans verser une larme, tout ça, c'était *avant*. Cette Caroline était la fille de son père.

Le matin, je tiens à emmener Tom à l'école. Je sais qu'il va falloir avoir une conversation avec lui.

J'ai été victime des pires mensonges, il est hors de question que cela se répète avec mon fils. Je tiens à ce qu'il sache où se trouve son grand-père. De toute manière, il l'apprendra tôt ou tard. Ses cousins à peine plus âgés que lui sont déjà au courant, alors autant anticiper.

Mercredi 11 novembre 2020

Très attachée aux signes de la vie, je vois en ce jour-là, date de l'Armistice, une forme d'ironie. Ma vie est un champ de bataille déserté par les deux personnes qui comptaient le plus, depuis toujours : mes parents.

Nous sommes installés sur le canapé du salon. Tom est prêt à m'écouter. Ses deux billes marron me fixent. Il attend sagement, me laisse venir, les mains croisées sur les genoux.

« Tu sais que l'on vit une situation compliquée depuis notre retour avec Maminou. Tu as peut-être remarqué que j'ai du chagrin depuis quelques jours à cause de Papou, je vais tout faire pour aller mieux. Mais voilà, il se trouve que ton Papou a fait quelque chose de très grave Tom. Il a menti, et fait du mal à ta Maminou. »

— Du mal à Mamie, mais comment ça ?

— Il ne l'a pas respectée comme il aurait dû et il n'a pas non plus respecté la loi. Quand on est méchant et malveillant envers quelqu'un, on est puni.

— Mais maman, je n'ai jamais vu Papou faire du mal à Maminou, ni à personne d'autre d'ailleurs !

— Je sais, Tom, moi non plus. Et pourtant, c'est la raison pour laquelle il est maintenant en prison.

— À quoi ça ressemble, une prison ?

— C'est comme une grande maison triste de plusieurs étages et pleine de petites chambres avec une seule fenêtre et sans jardin. Les portes y sont fermées.

— Je peux aller voir Papou en prison ? Ou lui envoyer des dessins ?

— Non.

— Mais si tu ne peux plus voir ton père, il va te manquer, comment tu vas faire ?

— Pour l'instant, je suis déçue et très en colère contre lui. Je ne veux pas avoir de ses nouvelles. C'est sans doute mieux comme ça. »

Je lis l'incompréhension sur son visage, un mélange de gêne, de mélancolie et de rancœur. Je suis bouleversée, mais je me contiens pour ne pas pleurer. Il finit par lever la tête.

« J'ai besoin d'être seul, maman. Je veux aller dans ma chambre pour réfléchir. »

Je respecte son désir d'isolement quelques minutes – qui me paraissent une éternité – avant de le rejoindre. Je retrouve Tom allongé sur son lit, les yeux pleins de larmes rivés vers le plafond. Il pleure en silence, comme un adulte.

J'en veux encore plus à mon père de lui infliger ça. Je réalise alors que lorsqu'un équilibre familial est percuté de plein fouet, il n'abîme pas seulement la victime directe, mais aussi toutes les personnes qui gravitent autour.

« Maman, je ne comprends pas. Je n'ai jamais vu Papou méchant et encore moins bousculer Maminou. Il y a forcément quelque chose qui cloche dans toute cette histoire », sanglote Tom d'une voix tremblotante.

Je lui propose d'en parler à un docteur qui sait écouter les enfants.

Je ne te laisserai pas transmettre ta perversité en héritage. Je t'empêcherai de lui nuire. Je protégerai mon fils de toi. Non, le crime ne se transmet pas. Je pense aussi à mes deux frères, des hommes, pour qui tu aurais dû être un modèle indéboulonnable. Tu nous as tous sacrifiés, souillés. Je te déteste.

Toi, tu as été bien trop faible, tu as accepté un terreau familial malsain. Regarde ton propre père, Denis, autoritaire, grand, imposant. Ses mains énormes faisaient peur. Il portait des jeans, un Perfecto, un anneau à l'oreille. J'avais honte de ce grand-père. Discuter avec lui était impossible. Il avait toujours raison, et il imposait ses points de vue sans jamais se remettre en question. Il méprisait les femmes, les rabaissait souvent. Pour lui elles avaient une intelligence limitée, juste assez douées pour faire le ménage. « Et se faire violer », aurais-tu pu ajouter.

À l'âge de dix ans, ton père m'avait fait une remarque désobligeante sur mes genoux, qu'il jugeait disgracieux. Mais ce n'était pas sa remarque qui m'avait mise le plus mal à l'aise. C'était son regard sur mes genoux.

Et puisque j'en suis à déterrer les bas-fonds familiaux : quelques mois après la mort de ta mère, qu'a-t-il fait, ton tordu de père ? Il a pris, comme compagne, une enfant qu'ils avaient élevée, Lucile. Une relation déplacée avec une personne vulnérable que l'on pourrait qualifier d'incestueuse.

De ton père, tu as vraiment pris le pire.

Lucile avait trente ans de moins que Denis. C'était une enfant de la DDASS, arrivée petite chez mes grands-parents qui étaient alors famille d'accueil. La maltraitance subie, les carences affectives de ses premières années expliquent, peut-être, sa déficience mentale.

Denis en a donc fait sa femme une fois ma grand-mère enterrée. Elle s'occupait, seule, de l'entretien de la maison. Rendre les livres à la bibliothèque du village ou acheter les Gauloises brunes de Denis au tabac était ses seules sorties hebdomadaires.

Mon père, ainsi que sa fratrie, s'était opposé à cette relation. Mais tous restaient marqués par les derniers mots de leur mère sur son lit de mort. Elle avait demandé à ses enfants de soutenir leur père, pour qui elle éprouvait un amour inconditionnel. L'emprise, déjà. Mon père était à bonne école.

Alors mon père a accepté cette union pour le moins délétère. Il a mis de la distance avec Denis, fini par ne plus le voir. Comme moi. Le schéma se répète : mon père a coupé les liens avec le sien, je coupe les liens avec mon père.

En attendant, entre sept et onze ans, mes parents m'envoyaient en vacances à Châtillon-sur-Indre, chez ce grand-père, en couple avec celle qu'il avait élevée…

Je me souviens de Lucile, toujours vêtue d'une blouse de ménage, si vieille malgré ses vingt-cinq ans. Elle savait à peine écrire. Elle n'avait pas le droit de changer de chaîne de télévision ou de station de radio sans l'accord de Denis. Elle pliait le linge, rangeait la vaisselle, astiquait la maison. À table, Thomas l'imitait en douce, singeait sa méticulosité à dépoussiérer les meubles nettoyés la veille. Mais en vérité, Lucile me touchait beaucoup. Elle vivait à l'écart, loin dans sa tête, et loin des jeunes de son âge, prisonnière d'un père de substitution qui en avait fait sa femme. Elle prenait ses pauses dans la balancelle du jardin, où, les yeux dans le vide, elle s'arrachait les cheveux par poignées – plus tard, j'apprendrai le terme de trichotillomanie.

Je n'ai jamais compris pourquoi mes parents m'envoyaient en vacances là-bas, même avec Thomas en guise de rempart. Mais, vers l'âge de onze ans, lorsque ma mère m'a enfin demandé si je voulais continuer à y passer quelques semaines l'été, j'ai refusé. Denis est mort en 2004, il ne m'a jamais manqué.

J'avais quarante ans lorsque j'ai appris que Lucile venait d'être internée en hôpital psychiatrique. Elle avait essuyé plusieurs crises de démence et de décompensations psychotiques. Tous ces souvenirs d'enfance sont revenus, en boomerang. Je revoyais les cours de conduite que Denis s'obstinait à donner à Lucile, dans sa Citroën C15 beige. Moi, gamine, assise à l'arrière, j'assistais à une séance d'humiliation, cynique et brusque, qui finissait par Lucile en pleurs. Et je ne cessai de me demander pourquoi mes parents avaient continué à nous envoyer en vacances là-bas. Et pourquoi ils n'avaient rien fait pour extraire Lucile de cet environnement néfaste.

> *Dans ma grande naïveté, je t'ai longtemps vu comme le rescapé d'un héritage familial désastreux. La vérité est plus simple. Tu n'as jamais osé affronter ton père. Tu as été lâche et égoïste. Si tu avais eu ce courage, tu aurais préservé maman. Et notre famille.*

Les jours suivants sont pénibles. J'ai l'impression d'être enfermée chez moi. Or, je ne suis ni déprimée ni présumée coupable. Juste dépassée. Surtout, je ne veux pas devenir une mère hors circuit. Je veux que Tom me voie digne, forte et combative.

Je voudrais qu'il reste fier de ses parents.

Mercredi 18 novembre 2020

Je suis en arrêt maladie depuis deux semaines, l'inactivité ne me réussit pas. Heureusement, j'ai choisi la voie de l'écriture pour parvenir à me libérer un peu. Je note toutes mes émotions sur un carnet. Cela m'aide à prendre de la distance. L'écriture est ma bouée de sauvetage, ma thérapie pour me permettre de transcender ce traumatisme.

Il est temps pour moi de reprendre le chemin du bureau. Au moins, je ne ruminerai plus autour de mon père. De toute façon, je n'aurai pas les réponses avant la fin de l'instruction. J'ai appris que mon père était mis en examen pour viols aggravés, viols en réunion, administration de substances nuisibles, atteinte à l'intimité de la vie privée par fixation, enregistrement ou transmission de l'image d'une personne présentant un caractère sexuel. Les policiers sont actuellement en train d'identifier plus de soixante agresseurs : l'objectif est de les interpeller au petit matin à leur domicile.

Alors, à quoi bon me polluer ? Le procès se tiendra en temps voulu, mais sans doute pas avant

2024 ou 2025. Ce jour-là, je serai prête à l'affronter, lui et tous les autres agresseurs de maman. D'ici là, elle sera aussi certainement plus solide.

Je veux penser qu'à soixante-huit ans tout est encore possible. Elle me manque beaucoup.

Lundi 23 novembre 2020

Je suis heureuse d'arriver au siège de mon entreprise. Je renais ! Je ne raconte rien de mes problèmes personnels. Je savoure les retrouvailles avec les membres de mon équipe. J'ai le sentiment d'être là où je dois être, c'est une vraie bouffée d'oxygène.

Ce jour-là, ma direction me propose l'opportunité de changer de poste pour un tout autre challenge. C'est inespéré, moi qui cherche le renouveau. Quel soulagement de sentir cette envie de rebond ! Jusqu'au moment où je comprends que cette énergie, je la tiens malgré moi de mon père. Je l'ai souvent vu se démener pour lancer un nouveau projet, se fixer un nouveau défi après un échec, repartir.

Mardi 24 novembre 2020

Lorsque je quitte le bureau avant le couvre-feu de 18 heures, je suis fière de moi. La journée s'est bien passée. Les idées et les projets se bousculent dans ma tête. Mon mental reprend le dessus. Paul va adorer me voir comme ça.

Dans la voiture, j'appelle maman pour partager avec elle ma bonne humeur. Soudain, une phrase en cisaille, qui me perfore au volant.

« Ton père n'est pas bien là où il est. Il souffre, tu sais, j'ai sans doute dû rater quelque chose durant ces dernières années. »

J'espère avoir mal entendu. Mais non. OK, me dis-je, empathie avec le bourreau. Syndrome de Stockholm. Mon agacement est perceptible. Maman raccroche.

En arrivant à la maison, j'ai un mauvais pressentiment. J'en parle aussitôt à Paul. Il me raconte alors que Thomas l'a appelé au sujet d'un courrier de mon père adressé à Sylvie et son mari, des amis de maman, depuis le centre pénitencier du Pontet. Cette lettre a été transmise par un codétenu, c'est-à-dire illégalement. Si je résume, mon père a contourné le système pour entrer en contact avec sa victime – sa femme. Maman a découvert cette lettre ce matin et, comme Julien, elle est bouleversée. Car « dans ce courrier, il demande à ce qu'on ne l'abandonne pas et à ce qu'on l'aide matériellement », m'explique Thomas.

La colère me submerge. Leur naïveté est effarante. Visiblement, ils n'ont toujours pas compris à qui nous avons affaire. Et pourquoi ma mère ne m'a rien dit au sujet de cette lettre alors que nous étions pourtant au téléphone ? Qui cherche-t-elle à protéger au juste ? Si je récapitule, ma mère est au courant pour les photos de moi dénudée et elle n'a pas manifesté un immense soutien ; elle ne m'a pas accompagnée à l'hôpital psychiatrique et elle me cache maintenant l'existence de ce courrier. À croire qu'elle se range du côté de son débauché de mari. À cause de mon père, je suis en train de perdre ma mère.

Je suis hors de moi. Convaincue que mon père n'appelle pas à l'aide, mais qu'il tente de manipuler une fois de plus sa famille, comme il l'a finalement toujours fait. Il assure son emprise, même loin, même enfermé. Maman et Julien marchent, ils sont très affectés alors que Thomas et moi gardons la tête froide.

Furieuse, je rappelle ma mère. Elle active le haut-parleur pour que Julien puisse entendre.

« Caroline, on avait décidé de te ménager jusqu'au rendez-vous chez l'avocate. Mais Thomas n'a visiblement pas respecté notre pacte.

— Quel pacte ? Mais de quoi parles-tu ? Qu'est-ce que tu comptes faire de ce courrier ?

— Je ne vais rien en faire, il ne m'est pas adressé. Il l'a envoyé à Sylvie », me réplique-t-elle sèchement.

Maman tente de contenir ses larmes. Cela décuple mon aversion envers mon père. Il continue de s'amuser avec sa marionnette.

Mon père l'a retournée en une seule lettre. Il faut absolument que maman mesure l'emprise qu'il exerce encore sur elle. Elle rétorque qu'elle est assez grande pour penser toute seule. C'est plus fort que moi, je deviens alors agressive.

Lorsque je lui demande de me communiquer cette lettre, elle refuse.

Je lui raccroche au nez. Ce nouvel épisode est un tremblement de terre. J'en veux aussi à Julien de ne pas la raisonner davantage, alors qu'il est à ses côtés. Quand je leur demande de me transférer le courrier afin de l'envoyer à notre avocate, ils bottent tous les deux en touche.

Qu'à cela ne tienne, je contacte Sylvie. Je lui fais comprendre pourquoi cet élément doit impérativement figurer au dossier. Il s'agit d'une tentative de manipulation, et cela doit être adressé à la juge d'instruction. D'autant que ce courrier est totalement illégal, car il n'a pas été visé par l'administration pénitentiaire. Sylvie prend conscience de la gravité des faits et m'envoie, par mail, une copie de la lettre. En la découvrant, ma fureur est à son comble. Tous les ingrédients de sa personnalité machiavélique sont là sous mes yeux, comme si je les découvrais pour la première fois.

Il se pose en victime, demande la clémence, et bien sûr implore un coup de pouce financier. Je suis atterrée. Je reproduis ici cette lettre :

« Mes amis, je sais que je vous déçois, mais vous êtes mon seul lien avec l'extérieur, car je n'ai pas le droit de contacter ma famille qui me manque terriblement. Hormis l'angoisse, la peur, le vide, la solitude, ici c'est affreux. Je sais que je suis là pour payer ce que j'ai fait à l'amour de ma vie, à ma famille, mes amis, mais c'est trop tard. Je ne sais pas où je vais et comment ça va finir. Je viens vers vous au nom d'une amitié passée car j'ai besoin de vous pour me récupérer des affaires à déposer à l'entrée de la prison : [mon blouson marron clair, ma veste grise Adidas, mes baskets Nike, mon gros pull en laine gris, une ceinture sans grosse boucle (je perds mes deux pantalons)…] Pour mes habits, vous devez les déposer à l'entrée, mais ne mettez rien d'autre que ce que je demande, enfin si vous avez encore un peu d'amitié pour moi…

Je vous demande d'être indulgents, je suis en prison pour longtemps et je me pose tellement de questions pour tout, qu'est-ce que cela va devenir, la maison et tout le reste. Le pire ici, c'est l'ennui, on ne sort qu'une heure par jour en promenade et nous sommes deux par cellule. C'est assez dur pour moi, je sais le mal que j'ai fait à celle que j'aime le plus au monde et que je vais perdre sans m'en remettre un jour, ma famille, mes petits comme si je les avais abandonnés. Je n'en dors pas la nuit, je perds du poids, mais c'est sûrement ce que je mérite. Vous me manquez tous, j'ai honte et si vous les avez en ligne, dites-leur que je leur demande pardon, surtout à mon amour qui était ma mémoire. Je vous demande aussi d'avoir les dates de naissance de tous mes petits-enfants pour m'éviter de perdre pied. Quand je pense que je ne verrai jamais mon petit-fils qui naîtra en début d'année, le fils de Julien, dur dur…

La fin d'année s'annonce très triste pour moi, j'espère que mon amour s'en remettra, c'est ce que je souhaite. Je l'aime tellement, je m'en rends plus compte encore ici, même si elle a demandé le divorce. Elle restera mon amour éternel, c'est une sainte que je n'ai pas su garder. Et, si vous pouvez par courrier me donner les adresses de Caroline, Thomas et de Julien, je ne les ai pas en tête. C'est dingue cette impression d'être coupé du monde, et avec leurs téléphones pour plus tard. »

Tout sonne faux. Thomas en est, lui aussi, convaincu. Cette lettre révèle notre désordre familial. Notre père est très fort, il parvient même à nous diviser dans un moment où l'union devrait être de mise. Je le trouve pitoyable, pleutre, indifférent à notre calvaire. Tout tourne autour de lui, de ses besoins et de sa petite personne. Le reste est tout aussi pathétique, « Si vous l'avez au téléphone, dites-lui que je l'aime ».

Je ne suis pas surprise. Il verse méthodiquement dans le mélodrame et le pathos.

J'adresse cette première lettre à notre avocate, afin qu'elle puisse la transmettre à la juge en charge de l'instruction.

Vendredi 27 novembre 2020

Voilà trois jours que je n'ai plus parlé à maman, ni même à Julien. À distance, mon père a creusé une frontière, établi deux camps dans la famille.

Notre avocate, Caty, vient de recevoir les premières pièces cotées au dossier. Elles sont désormais accessibles et consultables par la partie civile. Cela concerne toutes les dépositions de mon père depuis sa garde à vue, le 2 novembre. En tout, plusieurs centaines de feuillets qui remplissent déjà trois classeurs entiers. Je dois me rendre au cabinet de l'avocate. Maman, elle, préfère avoir ce premier échange à distance. Triste coïncidence, aujourd'hui, c'est le soixante-huitième anniversaire de mon père.

Cette première étape va être houleuse. Je m'y prépare.

Paul m'accompagne. Dans le couloir du cabinet parqueté à l'ancienne, je me sens tout de suite en confiance. L'équipe de Caty est majoritairement composée de collaboratrices, ce qui finit de me rassurer. À ce moment-là de ma vie, je vois les hommes comme une menace, capables de broyer des comprimés pendant des années pour abuser de leur victime. Leur présence m'angoisse et m'indispose.

Caty est déjà en ligne avec maman. Elle m'informe qu'elle a commencé la lecture des différentes pièces relatant tous les interrogatoires de mon père depuis sa première garde à vue. Il est préférable que nous soyons toutes les deux présentes pendant cet entretien.

Sa première lecture dure près de quarante-cinq minutes. Elle insiste bien sur le côté menteur de mon père. Lorsque le policier demande :

« Vous souvenez-vous vous être rendu chez ce dénommé @*XXX* demeurant à Y pour abuser de sa compagne ? », mon père répond : « Je ne me souviens pas de l'endroit, vous savez… Nous nous étions donné rendez-vous la nuit, sur un petit chemin de terre et il m'a ensuite bandé les yeux, avant de me conduire jusque chez lui…

— Avez-vous abusé de sa compagne ce soir-là ?

— Maintenant que vous me le dites, ça me revient, je me souviens que ce soir-là, je me suis contenté de rester à l'extérieur de leur domicile, dans leur jardin, car les cachets n'avaient pas fait leur effet. »

Mon père ne délivre qu'une infime partie de la vérité, et encore, lorsqu'il est mis au pied du mur. Mais ce n'est pas tout je vais découvrir une tout autre facette de sa personnalité. Il emploie un langage cru, rabaissant, humiliant pour parler de ma mère. Les agresseurs emploient aussi ces tournures vulgaires. Sur les vidéos, dans les messages interceptés sur la messagerie qu'il utilisait via le site de rencontres ou par texto, ses propos sont sales et dégradants. Ma mère, heurtée, finit par se manifester.

« Pardon maître, mais je ne souhaite pas que Caroline entende l'intégralité de ce qui figure à mon dossier. Tout cela me regarde et relève avant tout de mon intimité. »

Caty lui explique alors le plus délicatement possible que je me suis constituée partie civile, et qu'à partir de là, j'ai légalement le droit de tout consulter, avec ou sans son accord. Par son intermédiaire ou celui de tout autre avocat que je déciderais de choisir, je ne lui donne pas le choix. Je sais qu'elle veut me protéger, mais je veux savoir qui est ce père violeur. Qui est ce mari qui semblait porter sa femme aux nues et qui pourtant emploie un langage épouvantable pour parler d'elle.

À l'ombre du mûrier platane, tu as un verre de pastis à la main, tu te tournes vers moi, les yeux rieurs, c'est le début des vacances. Tu m'interroges sur mes projets, demande des nouvelles de mon travail. Puis tu pars t'occuper de la piscine, tu lances une musique, tu danses avec tes petits-enfants tous plus gais les uns que les autres.

Caty poursuit avec la lecture des pièces du dossier. Cela regroupe plusieurs types d'actes que l'on retrouve fréquemment dans les affaires pénales : perquisitions, auditions, saisies, etc. Les détails sont sordides.

Elle lit les messages qu'envoyait mon père sur les forums, afin de planifier les soirées de viol de ma mère.

Il vante la puissance de son cocktail d'anxiolytiques. Il livre le mode d'emploi avec fierté, précise les doses exactes à verser, le nombre de cachets de Temesta à diluer dans de la nourriture ou de l'alcool. Il précise que si la femme fume, cela peut altérer les effets du dosage, mais que mélangé à de l'alcool, les résultats sont encore plus probants. Je ne peux m'empêcher de penser aux photos qu'il a faites de moi. Je suis une fumeuse occasionnelle, notamment au moment de l'apéritif, ce qui n'est pas le cas de ma maman. Je suis donc persuadée qu'il a aussi testé ses cocktails d'anxiolytiques sur moi.

Il s'enorgueillit de voir ma mère plonger plusieurs heures dans un état proche du coma : « La dernière fois, j'avais pas assez forcé sur la dose, là ça y est, c'est bon, on va pouvoir y aller. »

Au gré de ses échanges, je comprends qu'il s'est non seulement rendu à plusieurs reprises chez des agresseurs pour abuser de leur compagne, ou du moins avec l'intention de le faire, mais aussi chez des individus pratiquant le triolisme avec leur compagne pour en profiter à son tour. Il évoque une séquence dans un camp de naturistes où il se serait rendu seul avec un couple consentant.

Une autre de ses conversations révèle une « opération ratée », autrement dit une tentative de viol. Il raconte cette nuit où il a pénétré dans la chambre d'une inconnue. Elle avait allumé la lumière. Visiblement, cette femme soupçonnait son compagnon de préparer quelque chose. Elle a évité de boire le verre qui lui était servi. Tel un « lapin pris au piège dans les phares d'une voiture », mon père s'autorise même à plaisanter après avoir pris la fuite : « Putain me suis trouvé con, j'étais en train de baisser mon pantalon, boum lumière et elle debout. » Il reproche à son hôte son manque de vigilance et l'accuse d'avoir fait foirer son plan.

Il ne veut pas être démasqué – c'est donc bien la preuve qu'à ce moment-là, mon père a parfaitement conscience de la gravité de ses actes. Il demande à cet individu d'effacer toutes traces de leurs échanges.

Je suis hors de moi. Combien de femmes ont été violées par mon père au juste ? Cette question est un vertige.

En Corse, sur un petit bateau à moteur, avec une mer très agitée. Tu me demandes de ne pas perdre mon sang-froid. Tu me rassures. Ma peur s'envole. Je parviens à manœuvrer le bateau à tes côtés.

L'avocate évoque alors un échange avec un agresseur, dans sa maison, pour y violer sa femme. Il précise bien, en ces termes, que s'il y a des enfants dans la maison, « à shooter au dîner ».

Un vent glacé me traverse le corps. J'interroge Caty du regard – elle me précise que l'on ne sait pas s'il s'est finalement rendu dans cette maison.

Lors de ses conversations, il parle aussi de ses fantasmes morbides. Il évalue la motivation des intéressés avec lesquels il échange en ligne. Son mode opératoire est toujours le même, il passe par le site de rencontre *Coco*. C'est la première étape, avant de passer à l'action, de les faire venir à domicile. Il leur demande si, tout comme lui, ils aiment « le mode viol » et le type de pratique sexuelle qu'ils recherchent.

Pour les laisser venir et passer à l'acte, il y poste des photos de ma mère, la plupart du temps inconsciente et dans des postures suggestives sur un forum privé s'intitulant « à son insu ». Il l'habille comme une prostituée de bas étage. Les mises en scène font leur effet. Les agresseurs vivent tous ou presque dans le Vaucluse et sont pour la plupart relativement proches du domicile de mes parents, mais pas seulement. Il photographie et leur envoie des croquis du plan d'accès pour arriver à pied jusqu'à la maison. Parfois, sur la fin de leurs parcours, ils sont guidés par texto.

Afin de ne pas éveiller l'attention des voisins, tous les véhicules doivent stationner sur le parking du gymnase situé à proximité. Ils sont souvent seuls et parfois à plusieurs. Il précise qu'il ne faut pas fumer, ni mettre de parfum avant de venir. Leur téléphone portable doit rester dans leur voiture pour éviter de réveiller ma mère s'il sonnait.

Il leur impose un déshabillage préalable dans la cuisine, de laisser leurs vêtements sur le perron de la maison, en cas de fuite précipitée. Il exige le lavage des mains à l'eau chaude, afin d'éviter tout microréveil de ma mère à cause du froid la nuit. Il propose également le visionnage des viols précédents pour favoriser l'excitation et valider le consentement du ou des agresseurs. Il rappelle que le silence total ou le chuchotement sont de mise une fois dans la chambre conjugale surchauffée.

Puis, les enquêteurs l'interrogent sur ce que savent les visiteurs du degré de soumission chimique de ma mère dans ces moments-là. Lorsqu'ils constatent qu'elle est inconsciente, ça ne semble pas les freiner pour autant, bien au contraire.

Mon père affirme leur avoir indiqué à chaque fois l'état dans lequel se trouvait ma mère. Ensuite, on le questionne au sujet de son attirance sexuelle envers sa propre fille. Il contourne la question, nie tout en bloc. Lorsqu'on lui représente les deux clichés de moi dénudée et inconsciente, il prétend ne pas se souvenir de ces photos et qu'elles ne lui évoquent rien. Il me reconnaît pourtant : « Oui, c'est bien ma fille, mais ça ne me dit rien ; et vous voyez bien qu'en plus, elle est bien trop jeune par rapport à ce que j'ai l'habitude de pratiquer, ce n'est pas du tout mon genre, vous n'avez qu'à juger par rapport aux autres photos que vous avez retrouvées dans mon matériel. » Puis il finit par déclarer : « Je n'ai jamais touché ma fille. »

Je suis dans une rage inextinguible. À l'autre bout du fil, ma mère ne semble pas avoir mesuré l'énormité des propos tenus par celui qui déclare être un bon mari et un bon père. Cette première lecture ayant duré plusieurs heures, on approche de la soirée. Nous ne savons pas tout, j'en suis persuadée. En cet instant, je comprends que maman et moi n'aurons sans doute jamais le même décryptage du personnage et de ses actes. Je sens qu'elle s'emmure dans une forme de déni, un mécanisme de protection qui pourrait me faire disjoncter si elle se trouvait en face de moi. Il est temps qu'on s'arrête. Je suis épuisée et une grosse migraine est en train de s'installer.

Jeudi 10 décembre 2020

Je suis convoquée en fin de journée chez l'expert psychiatre qui a été désigné par la juge d'instruction. L'objectif est de dresser mon bilan psychologique depuis la révélation des faits. Il est presque 19 heures, il fait très froid ce soir-là.

Je me présente seule dans ce cabinet situé dans un immeuble des années quatre-vingt, qui ressemble davantage à un appartement qu'à une salle de consultation.

Je ne me sens pas très sereine. J'appréhende d'évoquer mon histoire avec un inconnu – un homme de surcroît. Je le redoute depuis le jour où j'ai reçu la convocation, quelques semaines auparavant. Je suis encore fragile.

Dans la salle d'attente, des masques africains et quelques photos de voyage. Apparaît alors un homme aux cheveux blancs et à l'allure soignée, vêtu d'un costume foncé. Il m'invite à le suivre face à son petit bureau.

Je scrute les moindres recoins de cet espace exigu. Pas d'échappatoire possible.

Je fais face à une large bibliothèque où sont empilés de nombreux ouvrages sur les sciences comportementales et la psychiatrie.

Il commence par un long silence tout en m'observant très attentivement. Je ne bouge pas d'un cil.

« Cet entretien va se dérouler en plusieurs étapes. Je souhaite d'abord vous entendre sur votre enfance, votre adolescence, puis sur votre vie de femme d'*avant* et d'aujourd'hui. Et, sur la place que votre père occupait dans le paysage familial. Puis, nous passerons à plusieurs questionnaires avec des réponses à choix multiples pour que je puisse mesurer la nature et la profondeur de votre traumatisme. Et si, bien sûr, il vous handicape au quotidien. »

Je reste droite. Les mots me viennent facilement.

« Je suis la deuxième d'une fratrie de trois enfants, au milieu de deux garçons.

J'ai fait des études supérieures généralistes. J'ai toujours beaucoup travaillé pour obtenir ce que je voulais. Sans doute pour avoir trop vu mes propres parents en situation précaire à certains moments de leur vie. Mes parents n'ont pas franchement réussi à me préserver de leurs problèmes de couple, ni de ceux liés à leur situation financière, régulièrement instable. J'ai su très tôt ce que signifie « être devant un problème majeur ». Je n'avais pas neuf ans lorsque j'ai été témoin d'une scène de violence conjugale. J'ai vu mon père soulever ma mère de ses deux mains par le col de sa chemise. Elle était plaquée contre le mur de la salle de bains, les deux pieds à quelques centimètres du sol. À cette époque, je crois que ma mère souhaitait le quitter. C'est d'ailleurs ce qu'elle a fait, peu après une scène du même genre.

J'avais presque quinze ans lorsqu'un jour, en rentrant du collège pour déjeuner à la maison, un officier de police accompagné d'un huissier de justice et d'une horde de déménageurs a fait irruption chez nous pour emporter tous les meubles de notre salon.

Cela faisait quelques jours que mon père s'y préparait. Il avait mis à l'abri certains équipements qu'il jugeait essentiels, comme la chaîne hi-fi ou le téléviseur du salon. Je me revois insulter ces pauvres déménageurs dans leur camion. Ce jour-là, j'en ai beaucoup voulu à mon père. Ma mère allait rentrer plus tard, dans une maison quasi vide. Je le vois encore, le teint livide, aller et venir dans le salon en pleurant comme un petit garçon. Moi aussi, j'avais envie de pleurer, je pensais à la commode, de marbre et de bois noble, que mon grand-père maternel avait transmis à sa fille. Ce meuble trônait depuis ma naissance dans notre salon, il était pour moi la seule trace de ce grand-père disparu. Je l'aimais beaucoup. C'était un autodidacte qui avait fait carrière dans l'armée de terre. Malgré les épreuves de la vie et une santé fragile, il se montrait ambitieux, rigoureux et intransigeant. Surtout, il était d'une grande générosité. Et le seul souvenir de ce grand-père a fini dans une vente aux enchères, comme une pauvre breloque.

Quelques mois plus tard, à Noël, le réveillon s'est déroulé dans notre salon, avec du mobilier de jardin en plastique. Cela n'a pas empêché mon père d'offrir à ma mère une bague en or, sertie de pierres semi-précieuses. C'était une sorte de compensation. Il agissait comme un adolescent pris en faute. Ma mère lui a alors demandé de rendre la bague et de se faire rembourser. »

Une fois lancée, je ne peux plus arrêter mon flot de paroles.

« Dans ce même registre, j'ai découvert quelques années après que mon père avait pioché dans mes économies gagnées lors de mes jobs d'été, sans même m'en avertir. À l'entendre, c'était légitime et il me rembourserait en temps utile. Très tôt, j'ai comparé avec les autres familles, et compris que la mienne obéissait à un ordre inversé. J'étais un peu le parent de mon père. Je me sentais responsable de lui, je le percevais malavisé et parfois instable. Moi enfant, je devais l'aider.

Je me souviens de discussions et de disputes auxquelles je n'aurais jamais dû assister. Surtout lorsque l'on me demandait de prendre parti. J'avais pris l'habitude de me réfugier chez mes amies. Là-bas au moins, je me sentais préservée des problèmes d'adultes.

Mon père a très souvent contourné le système pour nous donner l'illusion qu'il s'en sortait. Je l'ai souvent vu en décalage, voire en échec, lorsqu'il a essayé de se reconvertir dans d'autres secteurs d'activité que le sien, lui qui était électricien de métier. Ou encore lorsqu'il s'est improvisé chef d'entreprise avec notre aide, celle de mes frères et la mienne. Nous lui avions prêté des fonds pour monter une SARL dans le domaine des services. Finalement, il a déposé le bilan et terminé dans une situation encore plus critique.

Ses ambitions et ses décisions nous ont souvent mis en difficulté. Heureusement, ma mère avait un poste stable de cadre, dans une entreprise où elle a œuvré pendant plus de vingt ans. C'est ce qui lui a permis de bénéficier d'un logement de fonction dans un secteur huppé de la banlieue parisienne au début des années 1990. Nous avons vécu plus de seize ans dans un grand pavillon composé de cinq chambres et d'un jardin arboré, dans un quartier résidentiel à proximité des bords de Marne.

En dehors de ses faiblesses, mon père savait toutefois être un papa présent et à l'écoute de ses enfants. Il l'a été pour moi. Par exemple, il m'a longtemps encouragée à poursuivre la danse moderne lorsque je pensais arrêter – je l'ai d'ailleurs pratiquée assidûment jusqu'à mes vingt ans. L'année de mes treize ans, il avait même pris soin de s'entretenir personnellement avec ma professeure de danse pour envisager avec elle un parcours en Sport-études.

Mon père a dû avoir un semblant de vie normale, à un moment donné. C'est lui qui m'emmenait au lycée, tôt le matin, pour m'éviter de prendre le bus, et il n'hésitait pas non plus à venir me chercher certains week-ends, à toute heure de la nuit, avant que je passe le permis de conduire. Il veillait aussi à toujours me consoler lorsque j'avais des peines de cœur, ou lorsque nous n'étions pas d'accord ma mère et moi et que cela finissait en dispute à la maison.

Son credo a toujours été le même pour nous trois : que notre propre parcours soit meilleur que le sien. Il nous l'a répété durant toute notre adolescence.

Il regrettait de ne pas avoir fait d'études. Il revenait souvent sur certains événements de son enfance. Forcé à travailler dès l'âge de treize ans et demi par son propre père. Il a dû arrêter l'école de Quincy-sous-Sénart où il est né, en passant par le Château d'Oublaise, en Indre-et-Loire, transformé en centre de réinsertion sociale pour des repris de justice où ses parents faisaient du gardiennage. Mon père n'a, semble-t-il, pas eu une enfance facile. Il a fini par obtenir un CAP d'électricien, il aidait sa famille en travaillant sur les chantiers en province, puis plus tard en région parisienne. Il avait l'habitude de décrire son père comme un fainéant, un marginal, un assisté, même si ce dernier savait à peu près tout faire de ses deux mains. Mon grand-père paternel a au moins transmis cela à ses deux fils, en plus de l'apprentissage du système D.

En grandissant, au fil des années, mes frères et moi avons souvent été rattrapés par la versatilité de la personnalité de notre père. Plus d'une fois, nous l'avons senti frustré et envieux. On le perçait à jour quand il transformait la réalité à son avantage, pour mieux se rassurer. Mais on l'aimait, et on l'acceptait tous les trois tel qu'il était tout en restant lucides sur ses failles. »

À ce stade de mon récit, le psychiatre me prie de faire une pause.

Il marque un nouveau silence. Puis, il me demande de poser l'une de mes mains à plat quelques secondes sur son bureau. Il me demande ensuite de la lever pour évaluer mon état de stress émotionnel : suis-je émue, peinée ? ou juste traversée par ce que je suis en train de lui dire ? Je m'exécute, l'empreinte de mes doigts moites apparaît. Il me regarde, imperturbable.

« Comment vous sentez-vous ?

— Trahie. Et j'ai honte d'être la fille de ce tortionnaire. »

Samedi 12 décembre 2020

Depuis le clash du 24 novembre provoqué par la lettre de mon père, Julien s'est muré dans le silence. Ma mère et lui ont planifié seuls la fin du déménagement de la maison du Vaucluse. Ils prévoient de redescendre en train, de louer un camion et de vider ce qu'il reste du passé. Le tout sera rapatrié en région parisienne, chez Julien.

Les dix dernières années de maman se résument à quelques cartons et du linge. Tout le reste a été vendu, jeté ou donné.

Depuis plusieurs jours, maman souhaite que mon père puisse disposer de ses affaires en prison. Elle lui a donc préparé un sac avec des vêtements chauds et quelques effets personnels qu'elle va laisser à la loge du centre pénitentiaire du Pontet. Même les plus proches amis de mon père, indignés d'apprendre les motifs de son incarcération, lui refusent cette attention.

En arrivant sur place, le gardien de prison précise à ma mère qu'il n'y a pas de dépôt de linge possible les week-ends. Passé le temps de la procédure de vérification de l'autre côté de ces murs, mon père réceptionnera ses affaires en milieu de semaine suivante. Je n'en reviens pas. Elle veille sur le confort de celui qui l'a fait violer pendant dix ans.

Lundi 14 décembre 2020

Mon réveil sonne à 5 h 30. Aujourd'hui, je me rends en train à Avignon, pour être entendue par la juge en charge de l'instruction. J'ai passé la soirée de la veille chez mon frère Thomas, avec sa femme et ses enfants. Mon frère insiste pour m'emmener à la gare. Il se lève en même temps que moi, puis ma belle-sœur Mélanie me serre dans ses bras. Au fond de moi, j'ai tellement peur de flancher.

Je sais que, le moment venu, je serai seule avec moi-même, et que mes propos auront sans doute une incidence sur la suite de la procédure. C'est une lourde responsabilité.

Une fois à la gare d'Avignon, les souvenirs de ma vie d'*avant* remontent par vagues.

Je revois l'enthousiasme de mon père le jour des résultats de mon baccalauréat alors qu'il m'avait accompagnée, la fierté dans ses yeux lorsque j'ai été diplômée quelques années plus tard, l'émotion qui l'a traversé le jour où je lui ai présenté Paul, le bonheur d'être ensemble à ce fameux concert de Zaz à l'Olympia en 2011, cette longue et si touchante chanson de Jean-Louis Aubert qu'il avait déclamée avec tant d'émotions le jour de mon mariage en 2009… C'est une vraie torture.

Le bureau de la juge se trouve au quatrième étage. J'ai une heure d'avance. Je m'assois dans ce couloir jaune et laid. J'ai l'impression de jouer dans une mauvaise série policière.

Ma mère est actuellement entendue par la juge. Son rendez-vous devait commencer à 10 heures, soit une heure avant le mien. À midi, Caty, notre avocate, vient me prévenir que l'audition de maman a pris plus de temps que prévu. Elle durera finalement plus de 3 h 30. Pendant ce temps, j'erre dans les couloirs du palais de justice où règne un épais silence.

Quand ma mère sort enfin, elle est épuisée.

Il est 13 h 30 et j'entre dans ce grand bureau dont les fenêtres semi-ouvertes donnent sur les façades du tribunal.

J'y retrouve Caty. La juge est une jeune femme aux cheveux châtain clair et lisses, presque cachée derrière de nombreux dossiers. La greffière est assise à sa droite, face à son écran d'ordinateur.

La juge souhaite m'entendre après ma plainte déposée contre mon père, le 3 novembre 2020.

« Sans pouvoir le dater précisément, j'ai l'intime conviction que mon père a commencé à dévier bien avant 2013. En 2011, mon frère Julien m'a confié un événement troublant. À l'époque, Julien et son amie, ma future belle-sœur, vivaient chez mes parents. Un jour, alors qu'elle rentrait pour le déjeuner, elle a surpris mon père en train de se masturber derrière son écran d'ordinateur, dans son bureau. Porte ouverte. Décontenancée, elle a aussitôt tourné les talons vers la chambre de Julien.

Quelques mois plus tard, j'ai tout révélé à ma mère. Elle ne comprenait pas l'attitude de Julien qui se faisait de plus en plus rare aux réunions de famille. Mon père s'était également plaint de ce changement soudain de comportement. Lorsque j'ai décidé de dire à ma mère les raisons de la conduite de mon frère, mon père s'était violemment emporté. »

D'un geste, la juge me fait signe de faire une pause. Elle demande à la greffière si elle a eu le temps de tout noter. Elle souhaite aussi m'entendre sur les absences répétées de ma mère.

« Je suis à peu près certaine que mon père la droguait alors qu'ils séjournaient chez moi. Par exemple, ils ont passé les vacances de Noël dans ma maison, en décembre 2019. Nous étions partis au Maroc avec mon mari et mon fils, donc j'étais absente. Plus tard, ma mère a évoqué une perte de connaissance survenue dans la soirée du 28 décembre, alors qu'ils recevaient un couple d'amis. Elle gardait le début de la soirée en mémoire. Puis, plus rien. Elle ne se rappelait pas avoir salué ses amis ni les avoir vus partir. Elle était à la retraite, elle n'avait pas gardé ses petits-enfants depuis la Toussaint et ce Noël en famille n'avait pas été particulièrement fatigant.

Pour moi, la seule explication ne pouvait être que médicale. Et j'ai donc mis ça sur le compte de ses problèmes gynécologiques qui s'étaient manifestés peu après leur arrivée en région parisienne à la mi-décembre. Cela m'avait beaucoup inquiétée. Craignant un problème de santé plus grave, j'avais insisté pour lui prendre un rendez-vous en urgence chez mon gynécologue à cause de pertes de sang abondantes et injustifiées pour une femme de son âge, ménopausée. Le médecin n'avait rien décelé de particulier et lui avait donné un traitement antifongique sur plusieurs jours. En effet, son col de l'utérus était très enflammé. Les investigations n'avaient pas été plus loin. Des absences inexpliquées, il y en a eu beaucoup durant toutes ces années. L'une d'entre elles s'est à nouveau produite chez moi. Cette fois, dans la résidence secondaire que nous possédons avec Paul. Je suis certaine maintenant qu'il a également drogué ma mère, après un séjour passé là-bas tous les deux, en mai 2019.

« Qu'est-ce qui vous fait dire ça ?

— Le matin de leur départ, ma mère ne se souvient pas avoir mis la maison en ordre, ni vidé la poubelle ou fermé la porte à clé. Ce jour-là, il n'est même pas 10 heures du matin lorsqu'ils quittent les lieux. Je pense qu'elle a perdu connaissance très vite dans la voiture. C'est dire le niveau de surdosage qu'il pratiquait sur son si petit gabarit, même le matin, dans son bol de café noir. Pas un instant mon père n'a songé que le cœur de maman pourrait ne pas tenir.

Je me souviens avoir tenté de joindre maman sur son portable plusieurs fois. En vain. Après plusieurs tentatives, mon père a fini par décrocher à sa place, pour m'expliquer qu'elle dormait profondément et qu'ils venaient tout juste de passer Lyon. Je me souviens qu'il m'a dit :

« Ta mère est crevée, elle était tellement stressée à l'idée de te laisser une maison propre et parfaitement en ordre, tu la connais, elle s'est mis une pression… elle a fini par se détendre, elle dort. »

Pour avoir fait plusieurs longs trajets avec maman, je sais qu'elle ne dort jamais en voiture. Ça m'a perturbée.

Aujourd'hui, je sais, via l'enquête en cours, qu'il l'avait droguée afin de la livrer sur des aires d'autoroute, lors du trajet qui les ramenaient dans le Vaucluse. Je n'ai pu parler à ma mère que le lendemain, en toute fin de journée. Elle ne se souvenait de rien à partir du moment où elle avait quitté ma maison. Elle se voyait mettre la clé dans la serrure, et puis le noir.

Maman ne s'est réveillée qu'une fois arrivée à Mazan, la voiture venait de passer le portail de leur maison, elle avait dormi au moins huit heures d'affilée. »

Je m'interromps et fixe la juge.

Je mesure combien mon témoignage a donné corps à la personnalité insaisissable de mon père. Je comprends surtout que je vais devoir assumer ces propos au regard de la loi. Ces événements qui viennent entériner notre naufrage familial me serrent la gorge. Je suis obligée d'aller jusqu'au bout. Même si je dois le payer cher. Il s'agit de crimes, de viols en réunion à répétition. Je me sens terriblement seule, minuscule et écrasée par le poids de cette affaire. Je ne veux pas me dédouaner de n'avoir rien vu. Mais je me sens coupable de mon manque de discernement. De ne pas avoir insisté face à ses amnésies à répétition. Dans le fond, je m'en veux d'avoir été si crédule.

Et puis, j'ai d'autres choses à confier à la juge. Des choses qui me concernent et qui me préoccupent. Je veux à tout prix qu'elle comprenne que nous, les enfants, souffrons aussi d'avoir été manipulés par notre père.

Pouvions-nous savoir qu'il nous mentait la plupart du temps ? Que la comédie était chez lui une seconde nature ? Comment pouvions-nous distinguer le faux du vrai, celui qu'il prenait soin d'afficher en société ? Est-ce que les quelques semaines passées ensemble chez nous auraient dû suffire à le démasquer ?

Je décide alors d'informer la juge d'un autre fait marquant qui s'est produit en août 2019.

Je sortais d'une troisième opération en urgence. Cinq mois de douleurs intenses pour un problème de santé intime qui ne veut pas guérir, une blessure qui ne se referme pas. Les trois chirurgiens qui sont intervenus successivement n'ont jamais pu m'expliquer l'origine du problème.

Pendant ces longs mois, j'ai souffert. Je me suis tue. Je me suis sentie handicapée et diminuée.

Aujourd'hui, une question m'obsède. Et si cela avait un lien direct avec les agissements de mon père et les deux photos retrouvées de moi ?

Cette année-là, j'ai dû être réopérée en urgence deux fois de suite à trois semaines d'intervalle durant l'été. Le matin du samedi 10 août, je suis donc en arrêt maladie après une dernière intervention qui s'est déroulée sur mon lieu de villégiature.

Mon portable vibre sur ma table de chevet. Il est 10 h 45.

Je n'ai presque pas dormi, la douleur étant trop intense. Le numéro de mon père s'affiche. Je découvre alors quatre appels en absence et un message texto :

« Rappelle-moi STP. C'est urgent. »

Naïvement, je me dis qu'il souhaite prendre de mes nouvelles. Mais lorsqu'il décroche, je l'entends dire d'un ton pressé :

« Désolé, je sais que ça tombe mal, mais j'ai besoin de ton aide. »

Il enchaîne avec un laïus que je connais bien. Il m'explique qu'il a un besoin urgent de 100 euros pour régulariser son compte en banque. Il n'a pas de découvert autorisé. Il dit que les dépenses survenues lors de la venue de ses trois petits-enfants chez lui en juillet – dont Tom – sont à l'origine de ce déficit. Je songe alors que je n'ai jamais été vraiment à ma place dans cette famille. Je veux dire à ma place d'enfant. Toujours à devoir l'aider à gérer ce genre de problèmes. À ce moment-là, il m'exaspère, comme chaque fois qu'il tente d'inverser les rôles :

« Je ne veux surtout pas inquiéter ta mère, elle est déjà assez anxieuse comme ça. Pas la peine de lui dire quoi que ce soit, je vais me débrouiller… »

Pourtant, une fois de plus, c'est moi qu'il appelle – jamais Thomas ni Julien.

Il sait que je vais accepter de lui rendre service sans poser de questions. Comme d'habitude. Je n'arrive pas à lui dire non et à le mettre en face de ses responsabilités. Il le sait.

C'est exactement le principe de l'emprise. On se sait manipulé, influencé, mais il nous est impossible de nous défaire de cette autorité. Je n'ai pas l'énergie d'entrer en conflit et je finis par accepter de faire ce virement. J'essaie de rester de marbre, mais au fond, je bous.

Dix minutes plus tard, il me rappelle.

« Caro, en fait, ce n'est pas assez, j'aurais besoin de vingt euros supplémentaires. Si tu peux me faire rapidement ce virement de cent vingt… »

Je reste sans voix face à ce culot. Je suis affaiblie, et il vient me réclamer de l'argent sous un obscur prétexte ?… Ce n'est pas la première fois, je devrais avoir l'habitude. Mais on ne s'habitue jamais à l'indécence. Mon portable vibre à nouveau. Trois appels en moins de vingt minutes.

« Caro, j'ai réfléchi. Cent quarante, ce serait mieux, le temps de recevoir ma pension.

— Je ne suis pas une banque.

— C'est un service. Tu peux bien me rendre un service, non ? Fais-le pour ta mère. Il ne faut pas l'inquiéter. Je te les rendrai. »

Je raccroche les poings serrés, le cœur battant. Il s'est arrangé pour me faire culpabiliser. Et ça marche ! Je lui adresse, dès le lendemain, un texto pour lui dire de ne pas me rembourser. Évidemment, il n'insiste pas.

Les semaines qui suivent, je mets de la distance avec mes parents. Néanmoins, nous nous retrouvons pour l'anniversaire de Thomas, fin août. Mon père est glacial, il qualifie mon comportement d'« inacceptable ». C'en est trop. J'attends quelques jours pour appeler ma mère et tout lui raconter. J'en ai marre de ce rôle de parent de mes parents.

La juge m'écoute avec attention. Elle me demande si je veux ajouter quelque chose.

« Oui. Sasha, ma nièce de neuf ans, l'une des deux filles de Thomas, a révélé quelque chose d'étonnant depuis l'incarcération de son grand-père. Durant les vacances de février 2019, elle se rappelle avoir vu le matin sa grand-mère endormie sur le dos, les bras ballants. "Elle dormait si profondément", selon ma nièce, qu'elle n'a pas réagi à ses sollicitations. Son grand-père lui a demandé de laisser sa mamie se reposer.

Ce jour-là, elle se serait levée assez tard, en fin de matinée. Ce qui ne ressemble pas aux habitudes de maman, surtout lorsqu'elle garde ses petits-enfants. »

Je relis et signe enfin ce compte rendu d'audition. C'est sur ce procès-verbal que mon père sera réentendu. J'ai conscience de ne pas l'avoir épargné.

Mais pour la première fois, je suis au clair avec ce que je pense de lui. Je veux lever le voile sur des années de manipulations.

Lorsque je sors du bureau de la juge, maman ne réagit pas. Je réalise qu'elle ne peut psychologiquement pas admettre l'impensable et regarder les choses en face. C'est insoutenable pour elle. Elle essaie de se convaincre que l'homme qu'elle a aimé durant tant d'années n'a pas toujours été un criminel sexuel à ce point dépravé. Elle tente de lui trouver des circonstances atténuantes.

À la gare, chacune prend son train pour la région parisienne. Comme si nos trajectoires divergeaient déjà. Je suis anéantie. Je me sens poisseuse. J'ai honte d'avoir aimé ce père que je croyais connaître.

Jeudi 17 décembre 2020

Les relations avec maman se distendent. Elle n'arrive pas à imaginer que j'aie pu être, moi aussi, victime de mon père. C'est du registre de l'inacceptable pour elle et je la comprends. Mais je lui en veux aussi de ne pas être en mesure de considérer mes doutes, d'entendre ma rage et ma douleur. Maman persiste à me dire de ne pas m'infliger une telle tension nerveuse et psychologique. Officiellement, il n'y a pas de preuves de soumission chimique sur moi. Aucune trace d'attouchements ni de viols. Et pourtant, cela ne m'apaise pas. Je sais aussi qu'elle est meurtrie et qu'elle fait son possible pour rester debout. Elle a enclenché son « mode de survie ». Elle s'installe petit à petit dans une forme d'engourdissement pour mieux se protéger, alors que je lutte de toutes mes forces contre mes propres démons.

Entre deux réunions professionnelles à domicile, je m'occupe l'esprit en remettant de l'ordre dans ma maison. Je range, trie, nettoie, j'essaie de faire disparaître cette sombre question tapie au fond de moi. Mon père m'a-t-il touchée ?

Tu attrapes Tom sous les bras, entres avec lui dans la piscine. L'eau turquoise scintille au soleil. Aujourd'hui il nagera sans brassard, mais tu seras là, lui murmures-tu, tout ira bien. Tu le tiens contre toi dans l'eau, Tom n'a pas peur, il relâche doucement ton cou, il est assez en confiance pour se risquer à nager sans bouée. Je vous observe depuis le bord. Je ne crains rien de toi. Je suis, moi aussi, en confiance.

J'ouvre le placard à linge. Mes yeux tombent sur les motifs d'un drap. Je les reconnais. Une parure achetée juste avant la naissance de Tom. Je me fige et me retrouve à genoux sur le parquet.

L'une des deux photos que les policiers de Carpentras m'avaient montrées en novembre a donc été prise chez moi. Je reconnais les draps. Mon père m'a photographiée chez moi, dans ma chambre, et c'était en 2013. Plus de doute. Sa deuxième proie, c'était moi.

Jeudi 24 décembre 2020

Pour la première fois, Tom ne passera pas le réveillon avec tous ses cousins ni ses grands-parents. La famille est scindée en deux. Je passerai la soirée chez Thomas. Maman restera chez Julien. Les fêtes de famille n'auront plus jamais la même saveur. Mon père aura réussi la division. Il a abîmé ce que j'avais de plus cher : nous. L'équilibre du clan, mes racines.

Malgré tout, je prends une décision symbolique forte. Pour rompre avec cette malédiction, je veux modifier le troisième prénom de Tom sur son état civil, qui jusqu'à présent était celui de mon père. Je souhaite le remplacer par celui de mon frère aîné, Thomas. C'est décidé, je lancerai les démarches officielles.

Thomas, grand pudique, me serre dans ses bras.

Vendredi 1er janvier 2021

En ce premier jour de l'année 2021, je pense à mon père. Pour la première fois, j'ai de la compassion pour lui. Je l'imagine dans sa cellule. A-t-il froid ? Faim ? Qui sont ses codétenus ? Comment gère-t-il le manque de pratique du vélo, qu'il aimait tant ? La prochaine étape, pour moi, sera de balayer ces questions avec indifférence. De ne plus me sentir concernée par mon père.

Maman me manque, je n'ai pas eu de nouvelles depuis Noël. Je décide de l'appeler. À la troisième phrase qu'elle prononce, je suis incapable de me retenir. Il ne faut pas longtemps à maman pour fondre en larmes à son tour. Ce que nous traversons n'a pas de mots.

La seule chose que je parviens à articuler, c'est que je veux être à ses côtés. Après plus de deux heures de discussion, nous nous promettons de rester toujours présentes l'une pour l'autre. Sans nous juger.

Samedi 23 janvier 2021

Je me réveille plutôt de bonne humeur. Ce matin, il fait un froid sec, le ciel est limpide lorsque je me rends au marché. Ce soir, nous dînons chez Thomas pour fêter mon anniversaire et celui de sa femme, Mélanie, qui me soutient depuis le début.

C'est le premier week-end depuis le 2 novembre où je profite de la vie. La journée file agréablement. Vers 17 heures, nous décidons de prendre la route pour retrouver mon frère et les siens.

Alors que nous venons tout juste de quitter la maison, maman m'appelle. Je sais qu'elle est retournée dans le Vaucluse pour finaliser les dernières démarches administratives. La journée avait pourtant si bien commencé.

« Caro, as-tu été en contact avec les membres de la famille d'un détenu de la prison du Pontet ?

— Mais maman, comment peux-tu me poser cette question ? Tu es tombée sur la tête ? »

Je la sens perturbée. Elle m'explique qu'elle a réceptionné un deuxième courrier de mon père. Dans cette lettre, il dit qu'il est en danger, par ma faute.

Que ce détraqué écrive n'importe quoi ne m'étonne pas. Mais que ma mère puisse croire à ses élucubrations me rend malade. Retour à la case départ : il exerce son emprise sur elle à distance, fait basculer les événements à son avantage. Avant de raccrocher, je demande à maman de m'envoyer la lettre. Je tiens à la consulter.

Datée du 9 janvier, elle arrive par la poste de nouveau chez Sylvie, l'amie de maman – comme la dernière fois. Mon père a encore contourné le système judiciaire. Arrivée chez Thomas, je m'écroule.

Je hais ses tentatives de manipulations. J'en veux aussi à ma mère qui se laisse duper. Finalement, la soirée ne sera pas aussi joyeuse que prévu. Du fond de sa cellule, il a réussi à me voler une partie de ma fête.

Dimanche 24 janvier

Le lendemain matin, je lis cette lettre et reste abasourdie.

> *« Je pense que c'est toi, Michel, mon frérot qui m'as fait parvenir des vêtements chauds qui m'ont rappelé l'odeur de chez moi, dans lesquels j'ai trouvé un cheveu de l'amour de ma vie qui m'a fait chaud au cœur un court instant.*
>
> *Je suis avec un jeune détenu en cellule dont les parents ont essayé d'en savoir plus par téléphone, sans savoir pourquoi je suis ici, mais Caroline a tout raconté aux parents de mon codétenu qui ne veut plus être avec moi. Essayez de la calmer car on va me lyncher ici, ça ne pardonne pas, c'est urgent. Je vais devoir finir ma vie en prison, du moins tenir le coup le temps que je peux tenir sans contacts, car c'est trop dur et cela arrangera tout le monde. Je ne cherche pas la pitié mais juste un peu de réconfort. La vie est trop dure ici, surtout avec la colère de Caroline. »*

Je mesure son degré de perversité. Profiter de la crédulité de ma mère, provoquer ma colère pour nous dresser les uns contre les autres. Il a le temps. J'ai beau savoir que mon père est très atteint, seul dans sa tête, j'ai envie de la lui arracher.

Il me faut quelques jours pour me raisonner.

Je suis prise d'un malaise. J'hésite entre l'acceptation et la révolte.

Jeudi 28 janvier 2021

Pendant que je suis en visioconférence, Paul dépose une enveloppe sur mon bureau. Il s'agit d'un courrier officiel.

« Après examen de la demande de changement de prénom effectuée en qualité de représentant légal de Tom, Jean, Louis, né le 25 juillet 2014 à Paris XVIe et des pièces jointes à l'appui de celle-ci, il apparaît que cette demande revêt un intérêt légitime au sens de l'article 60 du Code civil. Par conséquent, votre fils est désormais autorisé à se prénommer. Tom, Jean, Thomas. »

C'est un immense soulagement. Paul est au moins aussi ému que moi. Je n'aurais pas été en accord avec moi-même si je n'avais pas entamé ces démarches.

Grâce à ça, j'ai le sentiment de protéger mon fils. Tom vaut tellement mieux que mon ascendance. Ce courrier va me donner la force d'écrire quelques lignes à mon père.

Finalement, et sur les conseils de mon avocate, ce message ne partira jamais. Mais il aura eu le mérite de me faire du bien.

Louis,

Trois mois d'incarcération et déjà quatre courriers fallacieux.

Tu as toujours su ce que tu faisais et encore aujourd'hui.

La seule différence, c'est que je sais qui tu es depuis. Nous le savons tous.

Je te demande, dès à présent, d'arrêter tes manœuvres.

J'irai jusqu'au bout de cette procédure. Nous irons jusqu'au bout.

Tu n'existes plus pour moi. Jamais.

Mardi 2 février 2021

Nous lançons une cagnotte pour aider ma mère à payer les frais du divorce. Mon père l'a accepté, la première conciliation est prévue le 31 mai au tribunal de Carpentras. Ma mère se présentera devant le juge aux affaires familiales tandis que mon père sera en visioconférence depuis sa prison.

En parallèle, elle travaille sur son dossier de surendettement en espérant une révision de la dette à son nom de jeune fille.

Quand elle vient passer quelques jours à la maison, je la surprends parfois prostrée et silencieuse. Maman reste pudique et ne veut rien montrer de son désarroi. Le formidable élan de solidarité autour de la cagnotte lui fait beaucoup de bien. Durant plusieurs semaines, je mobilise toute mon énergie pour récolter de quoi aider maman. J'aimerais qu'elle retrouve un peu de dignité et d'assurance.

Impossible d'oublier la générosité de tous ces bienfaiteurs. Ce mouvement solidaire même en cercle restreint et qui a duré plusieurs semaines, lui a permis de réaliser qu'elle n'est pas seule dans la tempête. Cela lui permet de relever la tête et à se projeter pour les mois à venir. Beaucoup de messages le lui rappellent aussi : les viols ne se produisent pas forcément dans un coin sombre d'une cité-dortoir ou le sous-sol d'un parking. Une grande majorité des agressions sexuelles sont commises par des personnes de l'entourage, le père, le frère, le grand-père, l'ami, le cousin, mais aussi, le conjoint.

Dimanche 7 février 2021

Nous avons passé un week-end en famille, dans l'air frais de la campagne.

Malgré cette journée agréable, j'ai perçu de la tristesse dans les yeux de mon fils. Je le trouve distant. Par respect pour son silence, je me tais aussi. Mais, au moment du coucher, je le retrouve assis sur son lit.

« Je pense très souvent à Papou depuis qu'il est en prison. Tu m'as dit que je pouvais aller voir un gentil médecin pour parler si j'en avais envie ? Eh bien, j'en ai très envie maintenant et, surtout, je crois que j'en ai besoin. Je voudrais qu'il sorte de ma tête pour toujours. »

Mardi 2 mars 2021

Mélanie et Barbara, les épouses respectives de Thomas et Julien, sont convoquées dans un commissariat de la région parisienne, la suite logique de mon audition du mois de décembre, chez la juge d'instruction. Chacune aura un entretien de plus de deux heures.

À nouveau, l'horreur s'invite dans notre vie.

Durant les dix dernières années, mes deux belles-sœurs ont été photographiées nues, à leur insu, lors de certains de nos rassemblements familiaux. À leur domicile, ou bien chez mes parents, mon père avait installé des systèmes de prises de vues qui fonctionnent en rafale, dans la salle de bains et les chambres à coucher.

Il a aussi fabriqué des photomontages avec Mélanie, accompagnés de légendes indécentes. Cela a commencé dès sa grossesse en 2011. Quant à Barbara, elle découvre des photos intimes prises lors du dernier été passé chez mes parents. Sur certaines, on peut voir mon père se masturber dans ses sous-vêtements.

Mon père a posté ces clichés en ligne. Les déséquilibrés sexuels ont dû adorer.

Cet épisode ouvre un tournant dans la procédure judiciaire. Mélanie et Barbara se constituent partie civile à mes côtés, et demandent à Caty de les assister.

Aucune femme de notre famille n'a été épargnée par mon père.

Les jours suivants, dix-huit hommes soupçonnés d'avoir violé ma mère sont écroués. Pour des raisons de sécurité, mon père est transféré dans une autre prison du sud de la France. Car les délinquants sexuels sont l'objet de règlements de compte. Ils représentent le bas de la caste carcérale.

Comment mon père va-t-il gérer ce transfert de détention ? Saura-t-il s'adapter ? Bien sûr qu'il saura le faire. Il a joué la comédie de la famille pendant plus de quatre décennies.

Mercredi 10 mars 2021

Depuis plusieurs mois maintenant, j'assiste presque soulagée à une forme de déculpabilisation de la parole des femmes victimes d'agressions et de crimes sexuels. Les livres *Le Consentement*, de Vanessa Springora, et *La Familia Grande*, de Camille Kouchner, me transpercent le cœur. Longtemps, leur passé a ressemblé à une voie sans issue ; le crime a entaché leurs souvenirs, bloqué l'avenir. Et elles ont pourtant trouvé la force littéraire de dénoncer.

Mon père ne pourra pas invoquer le consentement libre et éclairé de ma mère, sauf à penser que l'on puisse avoir toute sa tête quand on est assommé de médicaments… En vérité, les violeurs n'ont pas toujours l'air du dangereux psychopathe des séries télé. Ils ont souvent l'allure du bon patriarche que l'on invite volontiers à dîner.

Depuis plusieurs semaines, j'ai envie de rencontrer des personnes investies dans la cause des femmes. Je l'ai bien vu avec ma mère, qui a tout perdu. Sa prise en charge et le soutien nécessaire dans sa situation ont été quasiment nuls. Livrée à elle-même, elle se bat comme elle peut. Mais comment font les femmes qui n'ont ni famille ni argent ?

Le déclic s'est opéré avec l'interview d'une gynécologue obstétricienne d'origine franco libanaise, Ghada Hatem-Gantzer. En la lisant, j'ai perçu la mince frontière entre le champ de l'action et celui de l'absolution. Je me suis promis de rencontrer cette personnalité attachante, grande figure de la lutte contre les violences faites aux femmes. Son combat, tant pour la prévention que pour la guérison, m'avait déjà interpellée quelques années auparavant.

À présent, je sais à quel point les violences intrafamiliales sont un problème systémique. Je l'ai largement éprouvé ces derniers mois. Ce qui arrive à un proche modifie, affecte et déstabilise le fonctionnement de chacun autour de lui. Le traumatisme se déploie en ondes de choc, et les victimes collatérales sont souvent oubliées. L'itinéraire de prise en charge, l'accompagnement et le soutien psychologique à la suite d'un traumatisme sont évidemment décisifs.

Aujourd'hui, j'ai donc rendez-vous avec le docteur Hatem-Gantzer à la Maison des femmes, rattachée au Centre hospitalier de Saint-Denis. Elle a fondé cette structure d'accueil d'un nouveau genre, dédiée aux femmes victimes de violences physiques et sexuelles en 2016. L'endroit est organisé autour de trois unités de soins : les violences, la planification familiale, et les femmes victimes de mutilations sexuelles.

Lorsque Ghada me reçoit dans une toute petite salle qui sert de bureau, elle ne connaît pas encore mon histoire. Elle m'accueille avec respect. Elle dégage une bienveillance rassurante. Sa voix calme et ronde m'encourage à lui livrer quelques bribes. Je n'hésite pas à lui confier mes doutes, mes espérances et mes convictions personnelles.

Ghada est une pionnière. Je ne le sais pas encore, mais cette rencontre scelle le début d'une collaboration, et aussi les prémices d'une belle amitié. Notre premier échange sera pour moi une véritable libération.

Ce jour-là, Ghada s'apprête à lancer le collectif Re#start, qui est annoncé lors d'une conférence de presse en présence d'Élisabeth Moreno, ministre chargée de l'Égalité entre les femmes et les hommes, de la Diversité et de l'Égalité des chances. Si j'avais pu disposer d'une Maison des femmes à proximité de mon domicile, quelques mois auparavant, j'y aurais immédiatement emmené ma mère. Aider les femmes victimes à s'orienter dès le début vers la bonne structure et les professionnels compétents ne devrait pas être une option ou un coup de chance. Malheureusement, la démarche de prise en charge dépend avant tout de la volonté de la victime et demeure trop peu accessible. Pour la plupart des victimes, c'est même un parcours du combattant.

Elle me parle aussi de ses besoins matériels et humains, et évoque un projet d'hébergement d'urgence, « Mon Palier », destiné à de jeunes victimes de violences, âgées de dix-huit à vingt-cinq ans, dans le centre de Paris. Je lui propose aussitôt de donner de mon temps et de mon énergie pour l'aider et me libérer aussi un peu du poids de mon histoire personnelle.

Aujourd'hui, le collectif re#start compte onze structures, neuf sont opérationnelles. À Saint-Denis (juillet 2016, Centre hospitalier Delafontaine), Bruxelles (septembre 2017, CHU Saint-Pierre), Bordeaux (février 2019, Association CACIS), Brive-la-Gaillarde (novembre 2020, Centre hospitalier de Brive), Paris (janvier 2021 – Hôpital La-Pitié-Salpêtrière, AP-HP), Reims (juin 2021, Le Mars), Tours (novembre 2021, CHRU de Tours), Marseille (janvier 2022, Centre Hospitalier Universitaire la Conception AP-HM), Versailles/Plaisir (janvier 2022 – Centre Hospitalier de Plaisir). Une dizaine d'autres maisons des femmes s'apprêtent à voir le jour et intégrer le collectif. Toutes sont adossées à un établissement de santé et proposent une prise en charge médico-psycho-sociale. Le personnel de ces structures travaille en étroite collaboration avec les services de police et de justice.

Mercredi 31 mars 2021

Je présente Ghada Hatem-Gantzer à la direction de mon entreprise. Alors que nous visitons la Maison des femmes de Saint-Denis, Ghada nous expose plus précisément le projet « Mon Palier », pour les jeunes femmes. Il s'agit d'un hôtel de trente-trois chambres en cours de réhabilitation, boulevard Rochechouart à Paris. Elle aimerait qu'il puisse voir le jour rapidement. Nous convenons d'une collaboration pour l'aider dans la mise sur pied de ce projet. Ce sera un vrai lieu de vie, confortable et convivial. Cette première collaboration est une révélation pour moi. Je sais désormais que mon investissement personnel ne s'arrêtera pas là.

Hiver 1990, vacances de ski à Risoul, dans les Hautes Alpes. Tu me proposes ma première piste rouge. Tu m'accompagneras. Je ne suis pas encore très assurée sur des skis, et la montagne réserve parfois quelques surprises. Ce jour-là, il fait beau, mais très froid. En haut de la piste, tu pars devant, comme une flèche. Terrifiée, j'avance seule, je glisse mal, j'appréhende les bosses et les virages. Je mets presque deux heures pour arriver enfin, je finis en pleurs, je hurle quand je te vois. Tu dis seulement : « Tu vois, tu as fini par y arriver, je te l'avais dit. »

Dimanche 5 avril 2021

Hier soir, j'ai parlé avec ma mère qui à présent vit chez Thomas et Mélanie. Elle ne peut toujours pas croire que mon père ait pu dépasser les limites de l'intolérable avec sa propre fille. « Arrête de te faire du mal, ton père n'a pas pu faire une chose pareille. Je ne peux pas m'y résoudre, sinon cela achèverait de me détruire. » Je suis si différente de ma maman, quand j'y repense. Son mécanisme de défense psychique reste un mystère.

Ce soir-là, après avoir raccroché, je me couche contrariée, l'âme en peine. À 4 h 43, je me réveille, fiévreuse, j'ai mal partout. Je ne peux ni déglutir ni respirer. Mon cauchemar semblait si réel… Mon père s'évadait de prison, soutenu par ma mère qui s'enfuyait avec lui. On se retrouvait ensuite dans notre maison familiale où mes frères et moi avons grandi. Debout dans le jardin, mon père me supplie de l'aider, de le mettre à l'abri. Il refuse de s'en aller. Ma mère intervient pour qu'on l'aide. Malgré ses suppliques, j'appelle la police.

Lorsque je me lève à 8 h 30, la douleur dans ma gorge a augmenté. Je ne peux plus parler. Le médecin de garde appelé en urgence diagnostique un œdème uvulaire. Un gonflement aigu de la luette qu'il a du mal à expliquer. « Vous somatisez peut-être une angoisse. »

Vendredi 9 avril 2021

À 7 h 19 ce matin, Marius, le premier fils de Julien, vient de faire son entrée dans notre famille. Mon père ne le sait pas. Il ne le connaîtra jamais, il ne gardera aucun souvenir de ce petit-fils-là.

On a coutume de dire qu'un décès dans une famille précède souvent une naissance. Ce jour-là, Thomas envoie un message à son frère sur notre fil WhatsApp qui reste gravé dans ma mémoire :

> *« Bienvenue à Marius. On a perdu un grand chêne sur lequel nous aimions nous reposer, nous avons gagné une jeune pousse qu'il nous faudra protéger. »*

Mardi 13 avril 2021

Nous apprenons que d'autres individus ont été interpellés à leur domicile, puis placés en détention. Parmi eux, plusieurs sont pères de jeunes enfants. Je pense à eux, à ces fratries mises à terre par la faute de leur père. Il est le fossoyeur des familles, l'assassin des mémoires. J'entrevois ce que ces enfants, en grandissant, vont devoir traverser. Les mêmes espaces noirs que nous, le même lien vérolé, détruit, dont il faudra se défaire, coûte que coûte.

Toutes les demandes de remises en liberté ont été rejetées.

Vendredi 16 avril 2021

Mon avocate vient de recevoir une copie actualisée du dossier. Il contient désormais plusieurs centaines de pages de dépositions. Vingt-trois agresseurs sur soixante-treize identifiés au total sont à présent derrière les barreaux de différentes prisons du Vaucluse.

Réauditionné le 17 mars par la juge, mon père a été confronté aux photos de mes deux belles-sœurs, ainsi qu'à celles où je figure, datant de juillet 2020. Il les a mises en ligne avec des commentaires orduriers. Mais il invoque « une envie de découverte » et répète n'avoir jamais eu d'attirance sexuelle pour sa fille ou ses belles-filles.

Nous devons à présent prendre rendez-vous pour consulter le dossier au cabinet de notre avocate.

Lundi 26 avril 2021

Thomas, maman et moi passons cinq heures à écouter notre avocate nous rapporter le contenu des dépositions des derniers agresseurs écroués.

Âgés de vingt-deux ans à soixante et onze ans, ceux-ci se targuent de pratiquer le candaulisme – une pratique sexuelle qui consiste à regarder son/ sa partenaire faire l'amour avec une autre personne.

Les propos de mon père continuent de m'affliger. Chaque fois qu'on l'interroge à propos des agressions sur maman, il se dérobe et persiste dans ses mensonges. Je comprends que je n'apprendrai sans doute jamais la vérité me concernant.

Lorsque Caty déclare vouloir nous épargner les clichés de ma mère ligotée sur son lit, nous sommes foudroyés. Et, comme si tout cela ne suffisait pas, elle nous informe le plus doucement possible que le premier viol recensé date en réalité du 23 juillet 2011, en région parisienne.

Ma mère qui reçoit l'équivalent d'une semi-remorque en pleine figure, n'exprime rien. Elle s'éteint. Quel autre mot ? Un éclat disparaît, c'est une mère de cire, dévastée. Moi, je suis terrassée de honte.

Dimanche 23 mai 2021

Nous passons le week-end chez des amis à Lyon, avec Paul et Tom. Maman est encore fragile. Je sais que chaque jour, elle s'interroge sur sa capacité à tenir et poursuivre cette procédure judiciaire. L'idée qu'elle puisse se retirer du dossier m'effraie.

Dimanche matin, je reçois de Julien un courrier qu'il a reçu à son intention quelques jours plus tôt. Il est daté du 22 avril.

> *Mon fils,*
>
> *J'ai longtemps réfléchi depuis ma détention avant d'écrire à un membre de la famille, je t'ai choisi car je n'ai eu que cette adresse et aussi parce que je pense que ta sensibilité d'artiste pourra, je le souhaite, transmettre ces quelques mots qui seront les derniers par correction vis-à-vis de tous, je respecterai votre silence que je comprends, j'effectuerai ma peine de prison, je ferai ma route seul par respect.*
>
> *Je regrette le mal que je vous ai fait à tous, je vous demande pardon et je vous présente à tous et à toutes mes excuses, j'ai essayé de faire*

de mon mieux jusqu'à ces terribles dernières années sombres de ma personnalité.

Je pense à vous tous, selon les différents événements, relayés par la télévision, et vous me manquez tous beaucoup, je vous souhaite à tous beaucoup de belles choses dans vos vies, tous les petits me manquent même si le dernier m'est inconnu.

C'est peut-être mieux ainsi.

Sachez que votre maman est et restera l'amour de ma vie et que comme vous tous je ne l'oublierai jamais. Je suis conscient du mal et de la honte que je vous ai faits, je me soigne ici pour cela, la privation de liberté est moins difficile à supporter que vos absences, j'espère que tu as récupéré ma voiture qui t'aidera pour la vie courante, soyez courageux et heureux tous, j'arrive à un âge avec des petits soucis de santé qui ne sont rien à côté de ce que je vous inflige, je vais me battre avec courage pour continuer seul, je vous aime et je vous embrasse tous.

Pardon, papa.

N.B. : j'ai eu comme seule adresse la tienne qui figure sur la procédure de divorce que j'ai signée.

Je relis trois fois ces lignes avec tristesse et amertume. Son pardon laisserait-il entrevoir un semblant de sincérité ? Mais comment peux-tu nous faire croire que tu as des sentiments envers nous, tes enfants, alors que tu nous as volontairement broyés ?

Je suis prise de violentes nausées.

Lundi 31 mai 2021

Ma mère se présente au tribunal de Carpentras, pour la première conciliation du divorce. Mon père assistera à cette séance par écran depuis sa prison. C'est la première fois qu'elle le revoit depuis son incarcération. Elle découvre un homme hagard, tête baissée, le regard fuyant et très amaigri.

Un jour, peut-être, je te parlerai pour la dernière fois. Je te regarderai droit dans les yeux pour dire combien notre existence à tous aurait pu être différente.

Depuis le 2 novembre 2020, elle continue pour nous, mais en pointillé. Nous vivons au gré de la procédure judiciaire. Elle sera longue et éprouvante pour chacun de nous.

Ce lundi 31 mai, maman m'a dit qu'elle t'avait vu sur grand écran, dans cette grande salle aseptisée du tribunal judiciaire de Carpentras.

Toi, derrière les murs et diminué ; elle, encore debout, mais loin d'être totalement libérée de sa vie d'avant. Voilà ce qu'il reste du couple flamboyant de mes parents.

Maman a eu un choc lorsqu'elle a vu ton

image pour la première fois depuis sept mois de détention.

J'imagine que ton quotidien n'est pas simple. Tu n'es plus le même homme. Peut-être que tu es devenu celui que tu as toujours été, à la fois perdu, inconsistant, le regard vide.

Tu lui as dit que tu regrettes. Que tu as honte. Nous aussi, papa, nous sommes pétris de honte. Le plus dur pour nous, tes enfants, c'est de ne pas te connaître.

Tu nous as trahis, préférant assouvir ton côté obscur, estimant être suffisamment malin pour rester indéfiniment au-dessus des lois. Toi, que l'on croyait bon, honnête et loyal.

Mais qui es-tu véritablement ? Je ne le saurai sans doute jamais.

Nous ne saurons peut-être jamais non plus jusqu'où est allée ta perversité, même si tes photos et tes vidéos révèlent celui que tu es au fond, un être démoniaque, totalement corrompu. Souvent, je me dis que cela fait longtemps déjà que tu as cessé de nous aimer et de nous respecter pour nous faire subir tout ça. Tu as démoli la famille qui était la tienne, sans jamais avoir considéré sa valeur pour nous.

Moi, je t'ai aimé, respecté, aidé comme une fille reconnaissante envers son père.

Toi, tu n'as pas rempli ta part du contrat. Tu n'as pas joué ton rôle de père ni de grand-père. Je ne pourrai sans doute jamais te le pardonner.

Je dois maintenant apprendre à vivre avec.

Lundi 23 août 2021

Ma mère m'a retrouvée dans ma petite maison de vacances. Je l'aide à s'installer pour qu'elle reprenne sa vie en main dans un endroit neutre. Voilà neuf mois qu'elle vivait en transit chez ses enfants, mais maintenant, elle préfère vivre seule. Elle se sent enfin prête.

Cet été a été une énième épreuve pour nous, comme si nous faisions le deuil de notre vie d'*avant*. Mon père a beau être encore vivant, nous sommes tous confrontés au vide.

Le plus important pour nous c'est que maman s'approprie sa nouvelle vie. Alors on chine, on redécore, on remplace, elle prend ses marques à commencer par son nom de jeune fille qui figure désormais sur la boîte aux lettres. Il existe enfin quelque part. On s'efforce de rire, on se réjouit de la moindre tâche effectuée telle une petite victoire. On pousse quelques meubles et on revoit la taille des stores pour gagner en luminosité. Pour qu'elle se sente chez elle, libre et bien dans sa tête. On se répète que tout cela vaut la peine d'être vécu tant qu'on est ensemble et unies.

Dans la semaine, nous apprendrons qu'en tout trente-quatre agresseurs sont sous les verrous – l'un d'eux vivait à quelques rues de chez mes parents. Invité par mon père, cet homme est venu au moins deux fois en repérage à la maison. Au prétexte d'acheter des roues de vélos qui n'ont sans doute jamais existé.

Je suis révoltée en lisant les expertises psychologiques de ces hommes. Si la plupart reconnaissent le caractère amoral de leurs actes, aucun d'entre eux n'exprime d'empathie ou de remords pour ma mère. Ils n'ont souvent pas conscience d'être de dangereux criminels.

Samedi 4 septembre 2021

À l'approche de la rentrée scolaire, nous faisons le point avec Tom sur son bien-être et son moral. Doit-on poursuivre les consultations ? Cet été, il a déclaré se sentir mieux et ne plus vouloir se rendre chez la psy. Il semblait être parvenu à mettre à distance ces émotions qui le tourmentaient il y a encore quelques mois. Paul et moi n'avons pas insisté. À midi, lorsque je lui rappelle ses propos, il finit par exprimer le souhait de poursuivre son suivi thérapeutique. Il éprouve encore le besoin de se livrer et de conserver ce rendez-vous hebdomadaire qu'il considère être « son territoire » et « son moment à lui ».

Mercredi 29 septembre 2021

Depuis plusieurs jours, certains médias régionaux, et même nationaux, voudraient s'emparer de notre drame. Visiblement bien informés, les journalistes n'attendaient qu'un nouvel élément pour dégainer : en l'occurrence une autre vague d'interpellations, soit neuf hommes supplémentaires. Notre histoire est sur le point d'être décortiquée sur la place publique. Nous sommes inquiets de cette intrusion.

Pour anticiper, je demande à Caty de s'exprimer sur ce qu'est la « soumission chimique domestique », ce phénomène est bien plus répandu qu'on ne le croit, assez peu connu des femmes et du corps médical. Dans le même temps, la ligne de défense des agresseurs se dessine peu à peu. Elle est parfaitement déplacée. L'avocat de certains d'entre eux prétend qu'ils n'ont jamais été informés de l'état dans lequel se trouvait maman au moment des faits. Un affront supplémentaire.

Depuis cet emballement médiatique, un autre enjeu apparaît. Peut-on faire sanctionner le site de rencontre gratuit utilisé par tous ces pervers pour communiquer les uns et les autres ? Aujourd'hui, un bon nombre d'entre eux tente de se dédouaner, de se faire passer pour des victimes qui auraient été bassement trompées et manipulées par mon père. Pourtant, le site de rencontre *Coco.fr* - toujours accessible à l'heure qu'il est – a permis à tous ces hommes de consulter des images pornographiques du corps profané de ma mère, à chaque fois inconsciente. Cela n'a pas freiné leurs actes. Bien au contraire…

Lundi 4 octobre 2021

J'aurais aimé de l'exigence et du respect pour ce que nous vivons, maman, mes frères et moi, depuis maintenant onze mois. Des journalistes d'une certaine presse ne sont pas dignes de leur métier quand ils divulguent des éléments qui relèvent du privé. Où sont passés le professionnalisme et la compassion ? Avez-vous songé au mal que vous faites aux familles ? Tout ça pour quoi au juste ?

Ce soir, je suis outrée par ce que j'ai pu lire. Je sens, tapi sous les mots, derrière la scénographie (titres, photos et légendes, choix des mots…) un plaisir malsain, sale, très loin de l'éthique journalistique. On interprète, extrapole, dessine l'horreur avec un petit frisson, on s'offre un bain de boue avant de ressortir si propre… Je ne savais pas que la carte de presse autorisait cela.

Je préfère l'écriture, la vraie, pas celle de ces articles de caniveau. Ici l'écriture, quoi qu'elle vaille, est une route. Elle a son rôle : me séparer de mon père, libérer mes épaules de son héritage.

Jeudi 14 octobre 2021

Le 6 octobre, mes deux belles-sœurs ont été auditionnées par la juge à Avignon. La dernière audition de mon père remonte au mois de juillet, et ses propos sont aussi fuyants que lunaires. Il continue de façonner la vérité à son avantage. Heureusement, la juge ne semble pas porter beaucoup de crédit à ce qu'il raconte.

Cela fait maintenant plusieurs jours que je suis avec ma mère. En plus de la soutenir, je suis venue mettre à sa disposition un véhicule pour qu'elle soit libre d'aller et venir comme bon lui semble. À présent, maman n'a plus peur de prendre le volant, de perdre connaissance ou de faire une absence dans sa vie de tous les jours. Mon amie Marion a fait le trajet avec moi. Elle demeure mon plus grand soutien.

Caty m'apprend qu'un des auteurs de la dernière série de viols sur ma mère, le 22 octobre 2020, est séropositif.

Je tremble. Maman s'en doute, mais ne dit rien. Elle doit refaire une sérologie la semaine prochaine.

Ma haine envers mon géniteur ne cesse de croître. Le pire n'est pas toujours certain, alors je m'accroche à cette idée. Mais, si ma mère était contaminée, il en paierait le prix.

Jeudi 21 octobre 2021

Le test HIV de maman est négatif. Je respire. Plus tard, ma mère me confie qu'elle ne se pensait pas en danger, persuadée d'être née sous une bonne étoile. Je dois bien admettre que sa candeur et son détachement me dépassent. Nous sommes profondément différentes dans notre façon de gérer toute cette affaire hors-norme.

Samedi 23 octobre 2021

Depuis plusieurs jours, les divergences entre maman et moi et nos blessures prennent de l'ampleur. D'une manière totalement inattendue, nous venons d'avoir des nouvelles de mon père. Julien a été contacté par Charles, un ami d'enfance qui vit aujourd'hui dans le Sud. Il a très bien connu mes parents pour être souvent parti en vacances avec eux. En reconversion pour devenir éducateur dans le social, il s'est retrouvé nez à nez avec mon père lors d'un stage en milieu carcéral. Mon père ne l'a pas reconnu – sans doute à cause du masque. Charles, qui ne l'avait pas revu depuis des années, a eu un choc. Il l'a trouvé changé, perdu et abîmé. Il n'a pas osé se manifester. Cette rencontre improbable, à l'approche de la date anniversaire de son arrestation, nous a beaucoup troublés.

Plus la procédure avance, plus ma mère se persuade que mon père doit se faire aider et soigner. Parfois, elle me reproche ma virulence, voire mon ingratitude vis-à-vis de lui :

« Tu oublies qu'il n'a pas toujours été ce diable que tu décris. Il a beaucoup fait pour toi, mais aussi pour tes frères. Moi, j'ai été heureuse avec lui. Je l'ai tant aimé. Je préfère garder en mémoire les bons moments. Le reste ne me fera pas avancer, je veux continuer à vivre. Je suis faite comme ça. »

Il s'agit sans doute d'une forme d'autoprotection face à la brutalité des faits. Quoi qu'il en soit, ce discours continue de me mettre mal à l'aise.

Mercredi 17 novembre 2021

Au réveil, je prends conscience que ce récit va être rendu public. Si je ne crains pas de l'assumer, je mesure le chemin parcouru et celui qu'il me reste pour me réparer. Plusieurs questions me taraudent : comment ce livre sera-t-il reçu par mes proches, puis, bien plus tard, par mon fils, lorsqu'il sera en âge de le lire ?

Une bombe, une puissante déflagration nous a percutés de plein fouet, mais nous devons rester d'aplomb pour ce qui va encore arriver. Malgré la désillusion, la peine et la haine, nous devons regarder droit devant, la tête haute. Je m'accroche à l'idée que ce témoignage fera changer la honte de camp. J'espère de tout cœur qu'il aidera aussi d'autres personnes sous emprise à se redresser.

Lundi 22 novembre 2021

Près d'un an après ma première audition, je suis de nouveau convoquée par la juge d'instruction. Elle veut revenir sur mon dossier dans le cadre de l'instruction en cours. D'après les informations de mon avocate, il existe d'autres clichés pris à mon insu, sur lesquels je suis nue. La juge désire me les montrer et m'entendre à propos des dernières déclarations de mon père. Je ne sais pas ce qui m'attend. Ni dans quel état je serai ensuite. J'ai parfois l'impression de vivre un cauchemar sans fin. Je voudrais me réveiller.

11 heures, palais de justice d'Avignon. La juge me reçoit dans le même bureau que l'année précédente. Même décor, interlocuteurs, et même plexiglas qui me sépare d'elle… Sur la table, plusieurs pochettes colorées.

« Avant de procéder à notre entretien, je souhaite savoir comment vous allez depuis notre première entrevue. Y a-t-il des points que vous souhaitez aborder avant de passer aux nouveaux éléments qui vous concernent ?

— Je m'inquiète pour la santé mentale de ma mère. Elle ne semble pas se rendre compte du machiavélisme de mon père. Ni avoir conscience de tout ce qu'il lui a fait subir durant des années. Selon moi, ma mère vit une forme de déni, même si elle n'est plus en contact avec lui depuis un an. D'une certaine manière, elle a encore de l'estime pour lui et préfère garder intact le souvenir d'un homme aimant, avec une forme de morale. Elle ne parvient pas à accepter la réalité, à admettre que mon père l'a dangereusement et volontairement manipulée pour l'avilir. Car si elle reconnaissait la vraie nature de son mari, elle s'effondrerait sur-le-champ. Bien entendu, cela complique terriblement notre relation. Son chemin vers l'acceptation – puis la reconstruction – sera long et difficile. C'est très pénible pour moi de la savoir si éloignée de la réalité. »

La juge note mes propos.

« Mon avocate m'a récemment montré un courrier de ma tante, la sœur de mon père en date du 8 septembre 2021. Elle a plus de quatre-vingts ans. Elle est la seule de notre famille à être restée en contact avec lui. Dans cette lettre, elle lui révèle le lieu de résidence de ma mère, censé rester discret. Elle lui assure aussi que ma maman "se porte bien". Mais, comme je viens de vous le dire, je ne partage pas du tout ses propos. Elle tente juste de se raccrocher à ce qu'il lui reste de sa vie d'*avant*, en se persuadant que l'histoire qu'elle a eue avec son mari était vraie et sincère. »

La juge poursuit.

« Je vais maintenant devoir vous montrer des extraits issus des vidéos de votre père qui comportent notamment un photomontage comparatif de vous avec votre mère. Il faut que vous sachiez que tout cela a été partagé sur Internet, avec d'autres hommes. »

Elle me présente alors une feuille A4 avec des photos en couleur. Sur l'une d'elles, je suis en train de m'habiller dans la chambre violette de la maison de Mazan. Je peux parfaitement dater ces photos. Elles remontent à juillet 2020. J'étais venue télétravailler chez mes parents pendant dix jours. Après six mois de Covid, ils voulaient profiter de leur petit-fils. J'examine les images pendant de longues minutes. Certaines ont été jumelées avec celles de maman. Il nous a photographiées toutes les deux dans différentes postures, de profil, de dos et de face. Puis je découvre les commentaires ignobles qui accompagnent les photos.

Sa voix. J'entends sa voix prononcer ces mots obscènes, sur un ton sarcastique. Je me cramponne aux accoudoirs de la chaise pour ne pas m'évanouir.

« Oui, c'est bien moi. Il avait donc dissimulé son portable en mode caméra sous ma table de nuit ? Comment a-t-il pu faire ça ! »

Je me souviens de l'été 2008, à Tizzano, en Corse. Je vous ai vus heureux, maman et toi. Amoureux comme au premier jour. Tu ne quittes pas ton appareil-photo. Tu photographies maman, sans arrêt.

La greffière tape mécaniquement mes propos, le regard rivé à son écran. La juge me regarde et continue sur sa lancée :

« Lorsque je demande à votre père s'il a eu une attirance sexuelle pour vous, il déclare : "Non, pas du tout. Vous me demandez l'intérêt de la filmer nue, je vous réponds : la découverte, plus qu'autre chose." Il conteste également vous avoir droguée et avoir abusé de vous. Qu'en pensez-vous ?

— Je suis convaincue du contraire. Il ment comme il respire. Il m'a droguée, comme en témoignent les deux photos où je suis supposée dormir. Je vous le répète, Madame la juge, je ne dors jamais habillée avec cette tenue, ni dans cette position. Et j'ai le sommeil léger. Depuis plus de dix ans que je vis avec Paul, qui se lève à 1 h 45 du matin pour aller travailler, un rien suffit à me réveiller. »

Je demande à revoir le photomontage « mère-fille ».

« Je ressemble beaucoup à maman. Il nous l'a très souvent répété. Je sais aujourd'hui qu'il n'a jamais eu de respect pour la mère de ses enfants. En plus, il me mentionne comme étant la fille de ma mère, et non pas sa, ou leur, fille. Il se dissocie de son statut de père. Parce qu'il nous voit comme de simples objets sexuels.

— Maintenant, essayez de vous rappeler où vous étiez dans la nuit du 27 au 28 décembre 2019.

— Après le réveillon du 24 décembre, nous avons fait un séjour au Maroc avec Tom et Paul. Jusqu'au 2 janvier. Mes parents sont restés chez moi. »

La juge me présente une autre photo de ma mère, inconsciente et dévêtue.

« J'ai sélectionné la moins choquante parmi toutes celles prises par votre père. Ce cliché a-t-il pu être réalisé à votre domicile, en votre absence ? »

Je découvre ma mère, allongée sur le flanc gauche, comme sur toutes les autres photos qui existent d'elle inanimée. Elle porte juste une culotte noire en dentelle. Le genre qui ne lui ressemble pas. La lampe de chevet est allumée, celle du plafonnier aussi. Il ne s'est même pas donné la peine de lui retirer ses bottines. Je reconnais parfaitement la chambre. Dans ma maison. Mon refuge.

« Madame Darian, votre mère a été violée chez vous pendant plusieurs heures par un inconnu qui avait trente-quatre ans au moment des faits. Votre père a tout filmé. Leurs deux portables ont été bornés à proximité de votre maison à 22 h 51. »

J'ai beau avoir été informée la veille par mon avocate, je ne sais toujours pas si je vais réussir à surmonter cette ignominie supplémentaire. Comment a-t-il pu commettre ces actes de barbarie chez moi, dans mon intimité ? Comment allons-nous pouvoir vivre normalement dans cette maison après ça ? Comment va réagir Paul ?

« Ce n'est pas tout, madame Darian. Je dois encore vous montrer une photo de votre mère inconsciente, prise à un autre endroit. »

Je voudrais suspendre le temps… appuyer sur pause.

Sur la photo, ma mère est exactement dans la même position que sur la précédente, toujours sur le flanc gauche et inerte, la bouche ouverte. On l'a une fois de plus affublée d'une lingerie noire affreusement laide, vulgaire et tellement indigne d'elle.

Cette fois-ci, ce n'est pas dans ma maison en région parisienne, mais dans ma chambre, mon lit, mes draps, ceux de ma résidence secondaire. Je me sens oppressée, j'ai beaucoup de mal à réaliser ce que je vois et ce que j'entends. Ce viol s'est déroulé dans la nuit du 6 au 7 mai 2019 et a duré plus de cinq heures.

À cet instant, je saisis toute l'ampleur du combat judiciaire qui s'annonce, pour ma mère autant que pour moi. Savoir que des inconnus sont entrés chez moi pour abuser d'elle est insoutenable. J'ai envie de vomir.

La juge veut savoir si une confrontation avec mon père m'aiderait à me libérer, comme le suggère l'expert-psychiatre dans mon expertise psychologique.

« Si vous le voulez, ce serait en ma présence, précise-t-elle. Vous pourriez ainsi lui adresser vos questions et exprimer ce que vous ressentez.

— Je n'attends plus rien de cet individu. Sa vie n'est faite que de mensonges et de monstruosités. La prochaine fois que je verrai mon père, ce sera derrière la vitre d'une cour d'assises pour entendre le verdict. »

Je lui demande ensuite si d'autres victimes ont été identifiées dans cette affaire. Elle m'annonce qu'une autre femme a été violée par mon géniteur une dizaine de fois, entre 2015 et 2020. Elle aussi était en état de soumission chimique. Mon père fournissait *a priori* les substances à son compagnon et lui indiquait les doses à administrer. Visiblement, cette victime n'a pas voulu porter plainte contre son mari ni contre mon père. Elle a pardonné et continue de correspondre avec son compagnon depuis qu'il a été incarcéré. C'est dire le niveau d'emprise qu'il doit lui aussi exercer sur cette pauvre femme. Le parquet d'Avignon s'est donc saisi de ce dossier.

À la fin de l'entretien, la juge m'informe qu'un des agresseurs a demandé une confrontation avec ma mère. Il prétend qu'elle était consentante au moment des faits. Elle lui aurait fait signe de rentrer dans sa chambre ! Ma mère, qui ne se laisse pas impressionner par cette mauvaise foi sans borne, a accepté cette confrontation. Elle aura lieu dans les mois qui viennent.

Grâce au travail remarquable des enquêteurs et de toutes les personnes en charge de cette affaire, au total quarante-sept personnes ont été interpellées. Quarante-cinq ont été mises en examen et placées en détention provisoire. Deux hommes ont été libérés depuis et deux autres ont été placés sous le statut de témoin assisté. Un des auteurs est décédé peu avant son arrestation. J'espère que les agresseurs de ma mère seront tous jugés pour ce qu'ils lui ont fait subir durant toutes ces années.

Dimanche 28 novembre 2021

À l'heure de conclure, me revient en tête une citation de l'écrivain Maurice Pinguet : « Écrire, c'est se vouer à la nuit que nous portons tous à l'intérieur de nous. » Je suis pleine de nuit. C'est une obscurité dense, froide, léguée par mon père. L'écriture de ce livre m'aura permis non pas de la chasser, mais de l'explorer afin d'en avoir moins peur. Se mettre à nu reste un exercice ô combien difficile, lorsque l'on est une victime impactée par ce genre d'affaire. Oser se confronter à soi-même et faire front de toutes ses forces dans une étape de sa vie aussi lourde et scabreuse est une épreuve qui m'a beaucoup enrichie. Je me sens plus centrée et prête à affronter l'adversité et tout ce qui nous attend avec ma maman et mes frères.

La thérapie par les mots, c'est aussi une manière de panser mes plaies pour mieux entrevoir le chemin de tous les possibles. Je ne sais pas encore ce qui m'attend en faisant le pari de publier ce témoignage, mais je suis convaincue que mon engagement envers la cause des femmes ne fait que commencer.

Je sais que maman sera réentendue par la juge. Chaque fois, ce sera une nuit supplémentaire, qui résonnera de notre vie d'*avant*.

Une cinquantaine d'hommes ont pu être interpellés et écroués, l'instruction sera longue et difficile. Une partie des hommes qui ont violé ma mère seront condamnés. Certains sont de jeunes célibataires, d'autres des pères de famille ou des grands-pères. On sait cependant qu'ils ont été au moins soixante-dix et probablement plus à avoir abusé d'elle, parfois à plusieurs reprises et pendant près de dix ans. Comment avons-nous pu passer à côté de ces prédateurs sexuels sans nous en rendre compte ?

Quant à imaginer que le chef d'orchestre était celui que l'on pensait sain, loyal et en qui nous avions confiance…

Le procès devrait se dérouler courant 2024 dans une cour d'assises du sud de la France. Maman aura alors plus de soixante-dix ans. Trouvera-t-elle la force et la résilience de faire face, même avec l'amour et le soutien de ses enfants ? En plus, cette épreuve durera plusieurs mois. Mais je garde en tête que ma mère aurait pu y rester si tout cela ne s'était pas arrêté ce fameux 2 novembre 2020.

Je veux transcender ce terrible héritage paternel, transformer cette boue en matière noble. Il faut aider les femmes et les enfants écrasés par les violences sexuelles. Il reste encore beaucoup à faire en France pour accompagner et sécuriser les victimes d'agressions et de crimes sexuels après le dépôt de plainte. L'encadrement psychologique et le soutien au processus de réparation demeurent longs et insuffisants. Il est aussi parfois très aléatoire. Force est de constater que nous ne bénéficions pas encore toutes du même niveau de prise en charge.

Mon témoignage a vocation à alerter sur l'impact de l'emprise chimique en France. Ce fléau méconnu du grand public ne se limite pas à la drogue du violeur dans un verre ; il prend aussi sa source dans nos armoires à pharmacie. Les benzodiazépines (ou anxiolytiques), les somnifères, et bien d'autres substances psychoactives sont à l'origine de beaucoup d'agressions sexuelles et touchent toutes les catégories socioprofessionnelles. Si votre mémoire vous fait régulièrement défaut, soyez vigilant. N'hésitez pas à consulter et vous faire tester via une analyse toxicologique.

Où en serons-nous en 2024, au moment du procès ? Aura-t-on pris conscience de l'ampleur du phénomène ? Aujourd'hui, bon nombre d'associations compétentes qui œuvrent pour la cause des femmes sont bien trop seules face à ce colossal travail, et les victimes, bien trop souvent terrorisées, muselées par la peur, mais aussi empêchées par le poids de la honte et de la culpabilité. Ma mère, comme tant d'autres femmes, n'est coupable de rien. Refusons l'insupportable.

Remerciements

Je tiens à remercier mon éditrice, Véronique Cardi pour sa confiance, son empathie naturelle et chaleureuse, et ce dès le premier jour de notre rencontre.

Clara Dupont-Monod, pour tous ses précieux conseils et ses mots qui ont résonné à chaque fois. Ils m'ont permis d'aller chercher au plus profond de moi tout ce que j'avais besoin de déposer. Je ne pouvais espérer meilleure escorte littéraire sur ce long chemin à la fois sinueux et escarpé de l'introspection.

Catherine Fruchon-Toussaint, pour son écoute active et sa grande bienveillance, en plus d'avoir très vite saisi l'urgence incandescente que représentait pour moi l'écriture de ce témoignage.

Mon avocate, Caty Richard, pour son soutien inconditionnel envers ma maman et nous, les enfants.

Merci du fond du cœur à mes frères, mais aussi à ma cousine, François et Marion, pour leur affection sans faille et leur sollicitude de tous les instants.

Enfin, je remercie infiniment mon mari et mon fils, sans qui je ne serais sans doute pas la femme que je suis aujourd'hui, et ma maman que j'aime par-dessus tout.

Pour limiter l'empreinte environnementale de ses livres, HarperCollins France s'engage à n'utiliser que du papier fabriqué à partir de bois provenant de forêts gérées durablement et de manière responsable.

Composé et édité par HarperCollins France.

Achevé d'imprimer en France
sur les presses de Dupliprint
en septembre 2024
733, rue Saint-Léonard, 53100 MAYENNE
Dépôt légal : avril 2023
N° d'impression : 2993397S